Inhalt

Eigene Fallen   111

Fremde Fallen

Die meisten Fallen im täglichen Leben werden uns gestellt, einige stellen wir uns allerdings auch selber, und von denen wird später noch die Rede sein. Die meisten Fallen sind von der Sorte, dass da jemand die Spielregeln, nach denen das Drehbuch zwischenmenschlicher Situationen – und das heißt nichts anderes als: menschliche Kommunikation – abläuft, besser beherrscht als wir und seinen Vorteil daraus zieht. Diejenigen, mit denen wir es da zu tun haben, sind keineswegs immer finstere Bösewichter. Sie tun das, was halt so üblich ist im Alltag. Sie tun dasselbe, was wir bei ganz anderer Gelegenheit selber auch mit anderen tun. Wenn aber mit uns so umgegangen wird, müssen oder sollen wir reagieren, und wir sind in der Falle gelandet, wenn wir mit unseren eigenen Reaktionen hinterher zu Recht nicht ganz zufrieden sind. Das hört sich an dieser Stelle vielleicht noch sehr allgemein an, aber wenn Sie die ersten Kapitel gelesen haben, wird sehr schnell klar, was genau gemeint ist. »Ordentlich« gemachte Bücher sagen vorher ganz genau, was man von ihnen erwarten kann und was nicht. Ich warte damit noch etwas, aber Sie können gerne auch gleich die Kapitel 10 und 11 aufschlagen. Dort steht, was Sie in diesem Buch finden. Dennoch eines schon an dieser

Stelle: Sie werden immer wieder Formulierungsvor-
schläge für Erwiderungen finden. Die können Sie
selbstverständlich ganz einfach als Retourkutschen
verwenden. Besser ist es jedoch, wenn Sie dahinter
kommen, was andere versuchen, mit Ihnen anzustel-
len. Und dafür sind die Verbindungstexte gedacht. In
denen fehlt es auch nicht an Hinweisen, wann einmal
Zurückhaltung angebracht ist.

1. Zur Einstimmung

Der 1. Juni des Jahres 2001. Kein besonders denkwürdiger Tag. Bei mir läuft am frühen Abend der Fernseher. Ein Wirtschaftsmagazin. Leute auf der Straße werden gefragt, darunter ein etwa 60jähriger Mann:

– »Machen Sie Fondssparen?«
– »Ich? Nein.«
– »Warum nicht?«

Der Mann stottert etwas Entschuldigendes. Die Gegenfrage »Warum nicht?« hat ihn sichtlich auf dem falschen Fuß erwischt. Irgendwie tut er mir leid. Warum rechtfertigt er sich?, überlege ich mir. Warum antwortet er überhaupt, warum geht er nicht einfach weiter? Zumal die Frage in einem leicht aggressiv-fordernden Ton gestellt wird, der Widerspruch gar nicht erst zulässt. Bei Medienleuten ist das wohl so üblich. Lassen wir es gut sein. Er wird keinen allzu großen Schaden davon getragen und diese kurze Situation wahrscheinlich schnell vergessen haben.

Der Mann ist *in die Falle gegangen.* In eine von den vielen, die am Rande unseres Weges durch den Alltag und besonders natürlich im Weg selbst stehen. In die Sie und ich immer wieder hinein stolpern. Ein blödes Gefühl hinterher und manchmal auch eine Ahnung, was man hätte besser machen, wie man sich geschickter hätte anstellen können, oder auch nicht. Schicksal? Manche können's halt, andere eben nicht? Das wäre traurig, aber so schlimm ist es gar nicht. Viele Fallen erkennt man aus der Ferne – wenn man genau hinsieht. Das kann man lernen. Dieses Buch will Ihnen dabei helfen. Es behandelt die gängigen Fallen, diejenigen, die Ihnen sicherlich bekannt vorkommen. So viel sei jetzt schon verraten: Sehr viele Fallen, besonders eben die gängigen von ihnen, sind *Fragen*. Fragen, die man gar nicht beantworten muss. Jemand will etwas von Ihnen, Sie sollen etwas, aber in Wirklichkeit sind Sie zu gar nichts verpflichtet. Und was sehr wichtig ist: Ihr soziales Standardverhalten, Höflichkeit und Kooperativität beispielsweise, wird missbraucht, wenn Sie jemand in die Falle manövriert. Ich will Sie hier bestimmt nicht zu Unhöflichkeit und mangelnder Kooperation auffordern, aber ein paar »kommunikative Notbremsen« sind gelegentlich ganz hilfreich. Eine ganze Sammlung davon werden Sie in diesem Buch finden.

2. »Du siehst das völlig falsch!«

In einem Leserbrief beklagt sich eine Frau, Anfang 40, nicht verheiratet, über die Ansprüche ihrer Eltern.[1] Obwohl beruflich stark gefordert, muss sie an jedem Wochenende 300 km fahren, um bei Mutter und Vater die »brave Tochter« zu spielen. Ihr ohnehin ziemlich reduziertes Privatleben leidet unter dieser Verpflichtung nur noch mehr. An den Auf- und Ausbau sozialer Kontakte, an eine dauerhafte Beziehung zu einem Mann ist überhaupt nicht zu denken. Auf die bloße Vorstellung, sich wenigstens einmal im Quartal ein Wochenende »Aus-Zeit« zu nehmen, reagieren die Eltern mit Vorwürfen und bösen Unterstellungen, sie selbst mit schlechtem Gewissen. Sie würde sich sofort als »schlechte Tochter« fühlen, käme sie diesem Bedürfnis nach.

Die Geschichte wäre überhaupt nicht weiter interessant, würde sie nicht ganz deutlich zeigen, dass diese Frau die Beziehung zwischen ihren Eltern und sich selbst in einer ganz bestimmten Weise sieht, die man so beschreiben könnte: Ihre Eltern können etwas fordern, sie selbst muss etwas tun. Wir können diese Betrachtungsweise *ihre Wirklichkeit* nennen. Die Eltern könnten das Verhalten ihrer Tochter, sollte die wirklich einmal ein Wochenende lang hauptsächlich an sich selber denken, »kaltherzig und undankbar« oder sonstwie nennen. Aber es wäre deren Wirklichkeit. Nirgendwo steht jedoch geschrieben, dass die Tochter

11

dieses Bild als verbindliche »Wahrheit« für sich übernehmen müsste. Ihre, meine, seine Wirklichkeit, das ist: so wie Sie, ich, er die Dinge sehen bzw. sieht. Jemand anders sieht sie vielleicht auch ganz anders, so z. B. die Mitarbeiterin jener Zeitung, eine Diplompsychologin. In ihrem Antwortbrief empfahl sie der »guten Tochter«, ihre eigenen Bedürfnisse stärker wahrzunehmen und zu befriedigen, statt sie denen ihrer Eltern sklavisch unterzuordnen.

Wir sehen also die Dinge unseres Lebens so lange in einer ganz bestimmten Weise, bis jemand kommt, der sie ganz anders sieht und dafür auch gute Gründe mitbringt. Das kann manchmal ganz hilfreich sein. Unsere Wirklichkeit ist also das, wovon wir überzeugt sind, auch wenn andere das im Extremfall sogar für ausgemachten Unsinn halten und sich an den Kopf greifen. In dieser Wirklichkeit leben wir, nach dieser Wirklichkeit handeln wir. So lange, bis wir anderen Sinnes werden. Die Leserbriefschreiberin handelte so lange als »brave Tochter«, bis ihr gesagt wurde, sie verhalte sich selbstschädigend. Wir können die Geschichte noch weiterspinnen: Die Eltern könnten etwa sagen: »Dass du uns das antun musstest …!«, falls die Tochter es wirklich geschafft hätte, wenigstens ein Wochenende im Quartal für sich zu reservieren. Diese negative Etikettierung (*antun*) eines an und für sich nicht weiter auffälligen Verhaltens gehört ebenfalls zu einer bestimmten Wirklichkeit, die nur für den verbindlich ist, dem sie gehört. Das Beispiel zeigt auch: Es gibt Fallen, an deren Funktionieren wir tatkräftig mitwerkeln, ohne dass uns das klar ist. Dann nämlich, wenn wir es dazu kommen lassen, dass jemand uns seine persönlichen Vorstellungen von »gut und richtig« als verbindliche Wahrheit aufdrängt und wir das ohne wirksame Gegenwehr akzeptieren. Diese Vorstellungen mögen für ihn ja gerne gelten, aber für uns müssen sie deshalb noch lange nicht richtig sein. Es mag jemand noch so oft sagen: »Du siehst das völlig falsch!«, ein »absolut falsch bzw. richtig« gibt es nicht. »Falsch« ist meine Sicht der Dinge vielleicht deshalb, weil sie nicht so ist, wie dieser jemand sie gerne hätte. Nicht: Das Richtige setzt sich von selbst durch, sondern: Was sich durchsetzt, das gilt als richtig. Das heißt: Was »richtig« oder »falsch« ist, das wird ausgehandelt. Oder noch anders: »Richtig« ist keine Tatsache, sondern Verhandlungssache.[2] Diejenigen, mit denen wir streiten müssen, werden natürlich den Teufel tun, diese Feststellung zu quittieren. Wer zu uns sagt: »Du siehst das völlig falsch«, der hat vielmehr ein vitales Interesse, »richtig« und »falsch« auf dieselbe Stufe zu stellen, wie »weiß und kalt« als Eigenschaft des Schnees (so vor einigen Jahren der britische Thronfolger beim Wintersport).

Initiative	Ihre Reaktion
»Dass du mir das angetan hast!«	»Wie du das nennst, ist deine Sache!«

3. »Klingt das nicht alles ein bisschen konstruiert?«

Vielleicht haben Sie sich diese Frage gerade gestellt, als Sie das vorherige Kapitel lasen. Erst war in der Einleitung von Kommunikationsfallen die Rede, dann dieser Sprung zu dem doch reichlich philosophisch anmutenden Thema »Wirklichkeit«. Was haben beide überhaupt miteinander zu tun? Wenn also die erste dieser Fragen wirklich Ihre Frage war – sie ist voll berechtigt! Das *ist* konstruiert, denn die Wirklichkeit, in der wir leben und nach der wir handeln, also z. B. diejenige von *richtig* und *falsch*, ist eine Konstruktion. Das soll heißen: *Richtig* und *falsch* finden wir nicht vor wie Sonne, Luft, Licht und Wasser, sondern unser Gehirn bringt sie hervor. Es sind Urteile, die wir über menschliches Verhalten fällen, auch über unser eigenes. Und zu jeder Konstruktion gehört als Gegenbegriff die Destruktion. Das Gebäude unserer Vorstellungen können andere kaputt machen und Platz für Neues schaffen. Oder wir selbst. Aber was kaputt gemacht wird, das muss ja zunächst einmal aufgebaut, das heißt konstruiert werden. Die Konstruktion unserer Wirklichkeit – wie geht das vor sich? Hier spielt die zwischenmenschliche Kommunikation in unserem Alltag eine ganz entscheidende Rolle. Auch hierzu ein Beispiel: Ein junger Mann leidet jahrelang an depressiven Störungen und sucht deshalb psychotherapeutische Hilfe. Im Verlauf der Sitzungen wird ihm klar, dass seine Mutter ihm im Laufe vieler Jahre verbal und nonverbal die Botschaft vermittelt hatte: »Du bist nicht attraktiv. Die Mädchen mögen dich nicht. Du wirst nie eine Partnerin finden, die dir gefällt«. Er hielt sich für unansehnlich und zweifelte nicht im Geringsten an seiner vermeintlichen Unattraktivität. Weibliche Blicke, die ihm gelegentlich eher das Gegenteil signalisierten, nahm er überhaupt nicht wahr.

Doch brechen wir auch diese Geschichte wieder ab, denn sie zeigt uns bereits hier: Wirklichkeiten – auch ein negatives Selbstbild gehört dazu – bilden sich in der zwischenmenschlichen Kommunikation heraus. Das ist der Ort ihrer Entstehung.

4. Der Sohn, die Mutter und die beiden Hemden

Wir hatten im 1. Kapitel gesehen: Manche Menschen machen uns ihre sehr persönlichen Ansichten als »Wahrheiten« verbindlich, über die es gar keine Diskussion geben kann. Bei anderen ist es eine sehr private Art und Weise, mit der Logik, mit Schlussfolgerungen umzugehen. Ein ausgesprochen drastisches, aber dafür sehr illustratives Beispiel findet sich in dem Buch »Menschliche Kommunikation« von Paul Watzlawick (siehe Literaturverzeichnis): Ein junger Mann, aber ein anderer als der, von dem eben die Rede war, wird in einer psychiatrischen Klinik behandelt. Seine offensichtlich allein stehende Mutter besucht ihn einmal in der Woche und bringt ihm an einem der Besuchstage zwei Hemden als Geschenk mit. Der Sohn will seiner Mutter eine Freude machen und zieht zum nächsten Besuchstermin eines der beiden Hemden an. Die Reaktion der offenbar keineswegs erfreuten Dame: »Das andere gefällt dir nicht?« Die Reaktion des Sohnes: Sein Befinden verschlechtert sich auf der Stelle. Nebenbei bemerkt: Seltsamerweise sind es oft gerade die »braven Kinder« (siehe Kap. 2), die in engen persönlichen Beziehungen einen Schaden davon tragen. Und dabei wollen sie es allen recht machen. Vielleicht aber ist es auch gar nicht so seltsam. Man muss zweimal hinsehen, um in der Äußerung der Mutter so etwas wie »Logik« zu erkennen – abgesehen einmal davon, dass ihr Sohn schon beide Hemden gleichzeitig hätte anziehen müssen, um sich ihre vorwurfsvolle Frage zu ersparen. Am besten, man reichert ihre Frage mit dem schlussfolgernden *also* an: »Das andere gefällt dir *also* nicht?« (ergänze: »… wenn du nur dieses Hemd trägst.«). Jetzt tritt die »Logik« der Mutter in all ihrer Wirrnis voll ans Licht.

Doch verlassen wir den Bereich pathologischer Kommunikation und wenden uns wieder dem banaleren Alltag zu. Hier kommt das verräterische *also* viel häufiger vor. Etwa in Formulierungen wie:»Dann muss ich *also* annehmen, du liebst mich gar nicht/hast sowieso keine Lust/etc.« Ein anschauliches Beispiel findet sich in dem Buch »Das hab' ich nicht gesagt« von Deborah Tannen (siehe Literaturverzeichnis):

Jake:»Also, es ist mir egal, ob es wichtig ist oder nicht – wenn ein Kind nach seiner Mutter ruft, sollte die Mutter antworten.«
Louise:»Jetzt bin ich *also* eine schlechte Mutter.«
Jake:»Das hab' ich nicht gesagt.«

Wenn Sie reagieren müssen und Ihnen gar nichts Besseres einfällt, sagen Sie einfach:»Ich weiß nicht, was du annehmen musst, aber dein *also* klingt ein bisschen nach privater Logik.« Wahrscheinlich hört sich das etwas kaltherzig an, aber zu freundlich sollte man auch nicht sein, jedenfalls dann nicht, wenn die andere Seite Ihnen nicht unbedingt wohl will und Sie in der geschilderten Weise in die Enge treibt. Lieben Sie, wenn Sie wollen, Ihre Feinde, aber dann gehen Sie mit einem Handicap ins Match. Ihre Feinde lieben Sie höchstwahrscheinlich nicht.

Initiative	Ihre Reaktion
»Dann muss ich also annehmen, du liebst mich gar nicht/ hast sowieso keine Lust« etc.	»Das *also* klingt ein bisschen nach privater Logik.« (kann etwas kaltherzig klingen)

5. »Du kannst nicht gewinnen.«

Das Wichtigste zu dieser Geschichte mit den beiden Hemden habe ich mir bis jetzt aufgespart, denn die Sache mit der sehr persönlichen Logik der Mutter ist sicher auch für unseren Zusammenhang nicht ganz unwichtig, aber eben doch nur ein zweitrangiger Aspekt. Der Sohn ist in einer ganz besonders bösen Falle gefangen, und wer eine solche aufstellt, der hat nun wirklich destruktive Absichten – oder er/sie hat selber ganz erhebliche Probleme, die nach einer Behandlung geradezu schreien (beides kann aber auch zusammen fallen). Diese Falle heißt in der Sprache der Psychiatrie »double bind« (wörtlich: »Doppelbindung«). Der Erfahrungssatz »Wie man es macht, ist es verkehrt« gibt den Inhalt des Begriffes ziemlich treffend wieder. Sicher kann man auch sagen: »Du kannst nicht gewinnen.« Der Sohn in der Nervenklinik konnte ebenfalls nicht gewinnen, und das sollte er auch gar nicht. Denn ob er Hemd A oder B trug – die Mutter hätte in jedem Fall gesagt: »Das andere gefällt dir nicht?«

Um dieser Falle zu entkommen, hätte er ihr sich entweder völlig nackt präsentieren oder zwei verschiedene Hemdenhälften zusammen nähen und ihr diese neue Kreation dann vorführen müssen. Wahrscheinlich aber wäre er, hätte er eines von beiden getan, seelisch völlig gesund gewesen.

Noch ein Beispiel: Eine Frau betreut ihren querschnittgelähmten Mann, der völlig von ihr abhängig ist. Ihn belastet diese Situation sehr, wie sich denken lässt, und er hat gleichzeitig eine höllische Angst, sie zu verlieren. Verlässt sie das Haus für irgendwelche Besorgungen, unterstellte er ihr außerhäusige Liebesaffären und fragt sie dann, ob sie zu ihrer Verteidigung nichts vorzubringen habe. Wenn sie, völlig konsterniert, dazu ansetzt, kontert er lakonisch mit der Behauptung: »Wer sich verteidigt, klagt sich an.« Auch hier somit ein klarer Fall von *double bind*. Diese Frau hatte sich in einem Leserbrief an eine Frauenzeitschrift gewandt und verzweifelt um Rat gebeten. Sinngemäß wurde ihr u. a. gesagt, es liege bei ihr, ob sie sich auf die Verhörsituation, die ihr Mann mit ihr inszenierte, überhaupt einlasse. Mit anderen Worten: Wird man mit einer *Double-bind*-Situation konfrontiert, *sollte man nicht gewinnen wollen.* Das soll heißen: Der Versuch, es der anderen Seite in irgendeiner Weise recht zu machen, ist völlig aussichtslos, weil diese längst die Spielregeln der Kommunikation, die eine gewisse Fairness in der Auseinandersetzung gewährleisten, außer Kraft gesetzt hat. Es ist dann am besten, man besinnt sich darauf, dass keine Frage und keine Aufforderung, mich zu erklären oder mich zu rechtfertigen, irgendeine Verbindlichkeit für mich haben. Man darf sich, wie bereits gesagt, auf diese Situation überhaupt nicht einlassen. Kleine Kinder sind in diesem Fall ein ganz eindrucksvolles Verhaltensvorbild. Wenn ihnen das Spiel (in der Sandkiste oder sonstwo) nicht mehr zusagt, drehen sie ihrem Partner den Rücken zu und erklären das Spiel für beendet: »Ich spiele nicht mehr.« Und niemand hindert sie. Als Erwachsener könnte man etwa sagen: »Ich lasse mich von Dir nicht verhören.« Wer keine Antworten mehr gibt, der ver-

urteilt die Verhörfragen seines Gegenübers zur Sinn-
losigkeit. Das ist wiederum leichter gesagt als getan.
Die einzige Alternative ist aber die: Man bleibt in der
Falle.

6. »Wir stellen hier die Fragen!«

Der Mann, den die Frage nach dem Fondssparen in der Wirtschaftsmagazinsendung so völlig aus dem Tritt gebracht hatte, ging mir eine Zeit lang nicht aus dem Kopf. Es war seine Wehrlosigkeit und ganz sicher auch der Ton, in dem die Frage gestellt wurde. Sie unterstellte doch, es sei da jemand einem anderen etwas schuldig, so wie eine Rechnung, deren Betrag jetzt fällig ist. Denn in der Tat: Genau darum geht es. Bei jeder Frage – Prüfungs- und Testfragen lassen wir einmal beiseite – geht es um das »Du sollst!« Nämlich: mir etwas Bestimmtes sagen. Nicht nur, dass ich etwas nicht weiß, was ich gerne wüsste, sondern auch darum, dass der andere mir etwas *schuldet*. Er soll mir bitteschön (oder gefälligst) etwas bringen, eine Information nämlich, die ich gerne hätte. Mehr noch: auf die ich einen Anspruch habe. Jedenfalls tue ich so, als hätte ich ihn. Er hat, wie wir auch sagen können, eine *Bringschuld*. Das heißt: Er *hat* sie eigentlich gar nicht, sondern ich schreibe sie ihm zu. Ich sage, er habe sie, und im Normalfall akzeptiert er das auch. Dieser *Bringschuld-Charakter der alltäglichen Kommunikation* ist von zentraler Bedeutung, geht es doch sehr oft darum, wer von zwei Partnern etwas soll – oder eben überhaupt nicht will. Denn einer Bringschuld in der alltäglichen Kommunikation kann ich mich auch verweigern. Natürlich nicht immer. Die Fragen der Polizei, des Richters oder eines Finanzbeamten beantworten wir tunlichst. Wie, sei dahin gestellt. Aber wir reagieren auf die Aufforderung: »Könnte ich bitte Ihre Fahrzeugpapiere sehen?« nicht mit: »Was geht Sie das an?« oder »Kümmern Sie sich um Ihre eigenen Angelegenheiten!« Denn, wie man weiß, das kann teuer werden. Aber wenn wir uns als erwachsene Menschen in Beziehungen befinden, in denen wir einander gleichrangig gegenüber stehen, sieht es ganz anders aus. Anders deshalb, weil wir ganz andere Möglichkeiten haben zu reagieren. Es mag jemand noch so laut und noch so oft sagen: »Du sollst!« (»mir eine Frage beantworten« oder was auch immer.) Erst wenn Sie diese an Sie gerichtete Forderung anerkennen, dann müssen Sie. Aber eben nur dann. Denn: *Sollen ist nicht müssen!* Das ist die soziale Spielregel, die unausgesprochen dahinter steht. Diejenigen, die diese Spielregeln kennen, sind denen gegenüber im Vorteil, die gar nicht wissen, dass es solche Spielregeln überhaupt gibt, geschweige denn, wie sie funktionieren. Stellen Sie sich bitte zum besseren Verständnis folgende Situation vor: Sie sitzen am Steuer Ihres Wagens im Stadtverkehr, ein Drängler fährt hinter Ihnen. Sie haben das Gefühl, er sitzt Ihnen gleich im Kofferraum. Was tun Sie? Beschleunigen Sie, weil der andere Sie gleich vor sich her schieben wird? Der denkt gar nicht daran! Er nötigt Sie ganz sicher, aber er zwingt Sie nicht, d.h. er übt Druck auf Sie aus, dem Sie nachgeben können, wenn Sie das für richtig halten. Es ist aber die Freiheit Ihrer Entscheidung, Ihr bisheriges Tempo beizubehalten, obwohl – zugegeben – Drängelei einen ziemlich nerven kann. In dieser Situation *sollen* Sie etwas tun, nämlich schneller fahren, aber nur deshalb, weil jemand anderes das so *will*. Sie *müssen* überhaupt nichts! In dieser Drängelei-Situation steckt sehr viel von dem, was für unsere zwischenmenschliche Kommunikation typisch ist.

Der Mann, dem ein Mikrofon vor die Nase gehalten wurde, musste gar nicht antworten. Er musste überhaupt nichts. Er schuldete niemandem etwas. Wahrscheinlich lautete ein Teil seiner Wirklichkeit, d.h. seiner persönlichen Vorstellungswelt ungefähr so: »Eine Frage muss beantwortet werden. Ich muss in einer solchen Situation etwas geben, der Andere kann etwas von mir fordern.« Er dachte gar nicht daran, sich diesem fremden Anspruch zu verweigern, obwohl er es gekonnt hätte.[3] Das war die Falle. An ihrem Funktionieren wirkte er unbewusst mit, weil er fremde Ansprüche völlig widerstandslos anerkennt. Im Prinzip ging es der »braven Tochter« ganz ähnlich, allerdings spielte bei ihr die in vielen Jahren gewachsene Bindung an die Eltern eine besondere Rolle, die wir nicht ganz vernachlässigen wollen. Über solche Wirklichkeiten denken wir alle normalerweise nicht nach, und das macht es auch so schwer, sie zu verändern. Das ist, nebenbei bemerkt, auch der Vorteil und gleichzeitig der Nachteil von automatisierten Reaktionen. Automatismen sparen Kräfte und Energien, aber es ist nicht ganz leicht, sie zu verändern, wenn sie sich nachteilig auswirken.

Übrigens kann man ganz Hartgesottenen einen Trick abschauen: Wenn die andere Seite auf ihrer Frage insistiert, etwa so: »Ich habe Sie was gefragt!«, dann einfach antworten: »Das habe ich gehört.« Oder: »Das ist mir nicht entgangen.« Zweifellos hat nicht je-

der den Nerv für die folgende Variante: »Ich rede mit
Ihnen!« – »Dann reden Sie gerne weiter.« Sie ist auch
nur zu empfehlen, wenn Sie gefahrlos so reagieren
können, denn der Andere müsste hier schon seinen
ganzen Humor zusammen nehmen – wenn er oder sie
welchen hat.

Initiative	Ihre Reaktion
[irgendeine unwill- kommene Frage]	»Meinen Sie, dass man jeden alles fragen
»Ich habe Sie was gefragt!«	kann?« »Das habe ich gehört!«
»Ich rede mit Ihnen!«	»Das ist mir nicht ent- gangen.« »Dann reden Sie gerne weiter.« (Vorsicht! Siehe oben)

7. »Das interessiert mich!«

Eine verschärfte und überdies sehr beliebte Form, eine Bringschuld einzufordern, ist diese: »Das interessiert mich!« Als Nachsatz zu einer Frage, staccatohaft hervorgestoßen und mit starkem Akzent auf dem *interessiert*. Die Frage zuvor war also nicht nur so irgendwie, quasi »aus Daffke« gestellt, sondern es stand ein »echtes Bedürfnis« dahinter, das nun dringende Abhilfe verlangt. Eine Umdrehung weiter, und es wird aus dem Bedürfnis eine echte Notlage: »Ich muss das jetzt wissen!« (mit ähnlich expressiver Betonung).

Wie reagieren Sie? Wandelt Sie tief empfundenes Mitleid an? Oder durchschauen Sie den Trick, mit dem da jemand in die Rolle des Bedürftigen geschlüpft ist und nun darauf spekuliert, dass sein Gegenüber sich doch wohl nicht der unterlassenen Hilfeleistung wird schuldig machen wollen? Ich sagte soeben *Trick*. Wieso Trick? Sind wir etwa in einem Hütchenspiel? Nun, manche Tricks funktionieren auch dann sehr gut, wenn der Trickser sein eigenes Verhalten selbst gar nicht durchschaut und man ihm bewusste böse Absichten nun wirklich nicht nachsagen kann. Ich weiß, es ist schwer, in dieser Situation distanziert und cool zu bleiben, riskiert man doch, als gefühlskaltes Subjekt dazustehen. Versuchen wir es trotzdem, denn noch sind Sie aus der Falle ja nicht heraus! Im übrigen lohnt dieser Versuch. Also rekapitulieren wir: Der/die andere *muss* etwas wissen. Kann ja sein. Aber *müssen*

Sie auch etwas? Nein, das müssen Sie keineswegs! Jedenfalls nicht, wenn Sie nicht wollen. (Kann ja sein, dass Sie doch wollen, aber dann hätten wir gar kein Problem.) »Kann sein, dass du etwas wissen musst«, könnten Sie etwa sagen, »aber muss ich es dir deshalb auch sagen?« (Nehmen wir an, die Frage ist ziemlich indiskret oder Sie haben sonst irgendeinen Grund, das für sich zu behalten, wonach gerade gefragt wird.) Sollte Ihr Gegenüber so leichtsinnig sein, zu antworten: »Ja, musst du«, dann wäre Ihre Reaktion beispielsweise: »Dann zwinge mich doch!« Wir dürfen gemeinsam gespannt sein, wie dieser »Zwang« dann genau aussieht.

Halt, eins noch! So reagieren Sie bitte nur in einer Beziehung unter Gleichgestellten, nicht jemandem gegenüber (Chef etc.), der Ihnen ernsthaft schaden kann. Bitte keine Tollkühnheiten! Die zahlen sich in den meisten Fällen nicht aus.

Initiative	Ihre Reaktion
»Ich muss das jetzt wissen!«	»Muss ich es dir deshalb auch sagen?«
	»Aber ich muss gar nichts.«
	»Dann hast du ein Problem, aber nicht ich.«

8. »Aber man will doch höflich sein!«

Sicher will man das, und das ist auch völlig in Ordnung so. Höflichkeit ist das Öl, das die Maschinerie unseres täglichen Miteinanders am Laufen hält. Wir alle sind meistens höflich oder sollten es zumindest sein, weil wir uns sonst schnell die Köpfe einschlagen würden. Genau das würde nämlich passieren, würden wir alle einander ungefiltert sagen, was wir voneinander halten. Aber wie so vieles im Leben, so wird auch Höflichkeit schnell und gerne missbraucht. Eben von Leuten, die etwas fordern – im Namen der Höflichkeit, wie sich versteht –, was man ihnen gar nicht schuldet. Eine Antwort auf eine indiskrete Frage beispielsweise (»Darf ich fragen, wie alt Sie sind?«) oder auf ähnliche Dinge. Wer höflich bleiben, aber seine Höflichkeit nicht missbrauchen lassen will, der hat jetzt ein Problem. Oder vielleicht doch nicht?

Die Lösung des Problems: Man muss auch unhöflich oder zumindest etwas brüsk *sein können*, wenn die Situation das erfordert. Überhaupt keine Antwort geben oder eine dieser Art: »Ich wüsste nicht, was Sie das angeht.« Das sind Möglichkeiten, wie man reagieren kann. Asoziales Grantlertum ist hier ganz sicher nicht gemeint, das wäre ein fatales Missverständnis. Aber eine etwas harsche Reaktion, die man neben der Höflichkeit eben auch in seinem Repertoire haben sollte, blockt den Versuch, Ihre Höflichkeit zu missbrauchen, meistens sehr wirkungsvoll ab.

Und noch ein mögliches Missverständnis: Sie sitzen nicht schon deshalb in der Falle, weil Ihnen jemand überhaupt irgendeine Frage stellt und Sie diese beantworten. Wenn die Frage kein Problem für Sie darstellt, dann *haben* Sie auch kein Problem. Schließlich gibt es Antworten, die man gerne gibt. Solche unproblematischen Fragen kommen in der Alltagskommunikation überhaupt viel häufiger vor als diejenigen, mit denen wir es hier zu tun haben. Solche Abblock-Reaktionen, von denen ich oben einige Beispiele angeführt habe, fallen Ihnen möglicherweise nicht ganz leicht, und das ist auch verständlich. Denn (fast) alles, was andere Menschen zu uns sagen, also Fragen, Bitten, Aufforderungen und simple Feststellungen, hat eine gewisse *V*erbindlichkeit für uns. Wir können nicht mir nichts, dir nichts so tun, als sei da überhaupt nichts gesagt worden. Das heißt: *Wir müssen uns irgendwie dazu verhalten.* Wir müssen es deshalb, weil wir soziale Wesen sind, und das bedeutet: Wir sind in der menschlichen Gesellschaft aufeinander angewiesen. Das, was wir selber tun, z.B. eine Frage beantworten, erwarten wir ja auch von Anderen. Was wir sagen, soll eine gewisse Verbindlichkeit auch für Andere haben. So jedenfalls unsere Erwartung. Es kostet Überwindung, auf das, was ein Anderer zu uns sagt, nicht in der erwarteten Weise einzugehen. Wenn es Ihnen also sehr schwer fällt, einige meiner Vorschläge im ersten Anlauf in die Praxis umzusetzen – ich kann Sie gut verstehen. Mir selbst geht es manchmal ähnlich. Wenn Sie sich aber besser gegen andere behaupten wollen, dann versuchen Sie es. Die Mühe lohnt!

Initiative

»Darf ich fragen, wie alt
Sie sind?«

Ihre Reaktion

»Ich wüsste nicht, was
Sie das angeht.«
»Fragen dürfen Sie alles,
ich sehe aber im Augen-
blick niemanden, der
Ihnen eine Antwort
gibt.«
»Im Prinzip ist das kein
Staatsgeheimnis, aber
mich interessiert Ihr
Alter auch nicht.« [oder:]
»Aber der Ton Ihrer
Frage hat mir nicht gefal-
len.«

9. Zurück an den Absender!

Verweilen wir noch etwas beim Frage-und-Antwort-Spiel. Menschen, die gerne auch solche Fragen beantworten, auf die sie niemandem eine Antwort schuldig sind, tapsen gerne – nein, leider! – auch noch in eine zweite Falle. Dann nämlich, wenn sie selbst auch einmal etwas Wichtiges wissen wollen und jemandem gegenüber stehen, der oder die eine ganze Portion schlitzohriger ist als sie. Der/die schickt die Frage postwendend an den Absender zurück, das heißt er/sie stellt eine »Zurück-an-den-Absender«-Frage. Kaum ein Vorabend im Fernsehen vergeht – und ich habe mir da einiges »reingezogen« – , ohne dass sich in einer der Serien folgender Kurzdialog abspielt:

»Hast du mit ihm/ihr geschlafen?« (A)
»Wie kommst du denn darauf?« (B)

A bekommt nichts, schon gar nicht die erwartete Antwort, sondern soll selber etwas tun, nämlich antworten. Und nun wird es meistens spannend. Denn wenn A »lieb und nett« ist und nicht merkt, dass B hinhaltend taktiert und wahrscheinlich nicht im Mindesten geneigt ist, mit der verlangten Auskunft herauszurücken, ist das Spiel[4] gleich verloren. Es ist schwer, A hier einen gezielten Rat zu geben (B braucht sowieso keinen), aber die Frage: »Wie kommst du denn darauf?« und eventuell noch weitere Fragen von B nach den Motivationen von A zu dieser Frage ausführlich zu beantworten, wäre wohl so ziemlich das Verkehrteste, was A tun kann. Dann wäre A nämlich wieder in der Falle gelandet, weil er/sie noch lernen muss, was B schon lange begriffen hat: Eine Frage muss man nicht beantworten, wenn sie einem nicht passt. »Zurück an den Absender« heißt die Devise. In dieser kurzen Szene (»Hast du mit ihr/ihm …?«) ist der Kampf um die Bringschuld voll entbrannt. Jeder meint, *der andere* müsse etwas tun: »Du sollst meine Frage beantworten!« – »Nein, du meine!« Vielleicht erinnert Sie dieser Schlagabtausch an eine Pingpong-Partie. Nicht ganz zu Unrecht, denn auch in der Alltagskommunikation gibt es Sieger und Verlierer. Sie ist ein Spiel, dessen Regeln man kennen sollte, wenn man halbwegs erfolgreich sein will. Diese Regeln werden nämlich normalerweise nicht erklärt, sondern von der anderen Seite als bekannt vorausgesetzt. Zwei etwas harmlosere Alltagsbeispiele für die »Zurück-an-den-Absender«-Frage:

»Was ist denn?«
»Was soll schon sein?«
»Was hast du denn?«
»Was soll ich denn haben?«

Eine verschärfte und ziemlich häufig vorkommende Form der »Zurück-an-den-Absender«-Frage ist die *Warum-nicht*-Frage als Reaktion auf eine *Warum*-Frage: Beispielsweise will ein entfernter Verwandter in den Urlaub fahren, und ich soll derweilen auf seine Katze aufpassen. Meine Begeisterung hält sich in Grenzen, denn das würde meine eigenen Planungen ziemlich einschränken, obwohl ich sein buntgescheck-

32

tes Schnurrbart-Viech eigentlich ganz schmusig finde. Statt einer Antwort auf meine Frage: »Warum soll ich das für dich tun?« antwortet er mit seinem lausbubenhaften Lächeln: »Warum nicht?« Leider ist mir das etwas zu wenig als Antwort, und ich sagte ihm das auch genau so. Er hat sich dann nach einem anderen Katzen-Sitter umgeschaut, und wir hören jetzt etwas seltener voneinander. Aber auch hier ging wieder die Auseinandersetzung darum, wer seine Antwort bekommt und wer dem anderen eigentlich gar keine geben muss. Das ist eine Frage, wer sich wem gegenüber durchsetzt, eine Machtfrage also, und nichts anderes. Eine weitere Variante der »Zurück-an-den-Absender«-Frage setzt folgende Situation voraus: Ich möchte eine bestimmte Information bestätigt haben, möchte wissen, ob das wahr ist, was ich gehört habe:

A: »Ich habe gehört, Ulli und Juliane stehen kurz vor der Scheidung. Stimmt das?«
B: »Wer sagt denn so was?/Woher hast du denn das?«

A wird seine/ihre Antwort möglicherweise nicht bekommen. Egal, ob B gute Gründe hat, sie ihm/ihr zu verweigern, er/sie tut das, was wir noch mehrfach sehen werden. B biegt das Thema von der Information selbst zu ihrer Quelle um. Auch hier kann man A nur davon abraten, sich auf eine ausführliche Beantwortung der Frage von B einzulassen. Das Optimum des Erreichbaren liegt in diesem Fall darin, B darauf hinzuweisen, dass er/sie »mauert«: »Ich kann dich nicht zwingen, meine Frage zu beantworten. Wenn du nicht willst, dann willst du eben nicht.« Nun liegt der Schwarze Peter bei B. Er/sie müsste sich jetzt mit dem

Vorwurf mangelnder Kooperativität auseinandersetzen. Ob das geschieht, bleibt natürlich offen.

Unserem »TV-Opfer« aus der Einleitung – ich werde ihn jetzt zum vorletzten Mal bemühen – hätte man übrigens ebenfalls eine »Zurück-an-den-Absender«-Frage empfehlen können, etwa diese:

»Meinen Sie, dass man jeden alles fragen kann?« Ganz ähnlich gelagert (wer muss was?) ist der Fall beim *Streit um die Beweislast*: In der ARD-Serie »Marienhof« geht es u. a. um zwei Brüder, deren Verhältnis zueinander nicht ganz ungetrübt ist. Der Ältere der beiden, ein Geschäftsmann, wirft dem Jüngeren vor, dieser habe ihn maskiert überfallen, zusammengeschlagen und ihm die Tageseinnahmen von einigen Tausend Mark entrissen. Darauf der Jüngere: »Wieso sollte ich meinem eigenen Bruder eins über die Rübe ziehen und ihn ausrauben?« Auch hier also wieder eine »Zurück-an-den-Absender«-Frage mit folgender Zielsetzung: Nicht der Beschuldigte soll sich reinwaschen, sondern der Ankläger hat ihm gefälligst ein plausibles Tatmotiv nachzuweisen. Was allerdings auch unserer europäischen Rechtsauffassung entspricht.

Ein weiteres Beispiel, diesmal aus der ARD-Serie »Verbotene Liebe«:

»Du lügst!«
»Warum sollte ich lügen?!«

Noch einmal zurück zu unserem Beispiel am Anfang dieses Kapitels: »Hast du mit ihm/ihr geschlafen?« Ein sehr beliebter Konter, auf den man gefasst sein muss, ist folgende Unterstellung: »Hast du denn gar nichts

anderes (oder: immer nur Sex) im Kopf?!« Die Unterstellung muss nicht unbedingt die Form einer Frage
haben: »Du denkst wohl immer nur an das eine.« Vorschläge, wie man reagieren kann, folgen jetzt.

Initiative	Ihre Reaktion
»Wie kommst du denn darauf?« (Bezug: »Hast du mit ihm/ihr geschlafen?«)	»Hast du oder hast du nicht?«
»Hast du denn nichts anderes (als Sex) im Kopf?«	»Hab' ich nicht, aber ich hätte gern eine Antwort auf meine Frage.« (ernsthafte Variante) »Ich hab' überhaupt nichts anderes im Kopf, trotzdem möchte ich eine Antwort.« (weniger ernsthafte Variante)

10. »Das habe ich nicht verstanden!«

Wahrscheinlich kennen Sie diese Situation: Ihr Gegenüber signalisiert Ihnen mit der obigen Äußerung ganz unmissverständlich und in leicht indignierter Tonlage, dass in diesem Fall der Schwarze Peter bei Ihnen liegt. Meint er. Wenn Sie ebenfalls seiner Meinung sind, dann sind Sie in die Falle gelaufen. Dann geben Sie laufend neue Erläuterungen, mit denen er/sie wahrscheinlich nicht zufrieden ist (und wohl auch gar nicht sein will), und Sie werden im Kreis herum gejagt wie ein Zirkusgaul, bis Ihnen die Puste ausgeht. Vor allem aber haben Sie die Initiative aus der Hand gegeben. Es fragt sich nun: Sollen Sie sich verständlicher ausdrücken, oder soll er/sie sich mehr Mühe geben, Sie zu verstehen? Eben, im letzten Kapitel, fiel das Stichwort *Auseinandersetzung* und gleich darauf das nächste: *Macht*. Es geht auch hier wieder um die Frage, *wer was muss* oder soll. Damit wir klarer sehen, sollten wir aber an dieser Stelle eine wichtige Unterscheidung treffen:

1. Es gibt eine formale, das heißt stabile Machtbeziehung, Sie und Ihr(e) Chef(in) etwa[5],
2. Beide Parteien sind im Status gleich, aber eine von beiden setzt sich durch. Das wäre eine instabile Machtbeziehung.

Der zweite Fall ist eigentlich der interessantere, denn er ist typisch für unsere Alltagskommunikation – und ob Sie sich tatsächlich Ihrem/Ihrer Vorgesetzten gegenüber durchsetzen wollen, das werden Sie sich wahrscheinlich sehr gut überlegen ...

Sie haben in fast allen Machtkämpfen der Alltagskommunikation erheblich bessere Chancen, sich zu behaupten, wenn Sie sich zwei Spielregeln klar machen:

- dass Sie nichts müssen, was Sie nicht wollen (diese kennen wir bereits),
- dass Ihr Partner/Gegner sich immer nur das herausnimmt, was Sie ihm zugestehen.

Natürlich hat die Gegenseite erheblich bessere Chancen, sich etwas herauszunehmen, wenn Sie gar nicht merken, dass Sie ihr überhaupt etwas zugestehen und dass es mehr ist, als Sie müssen. Und noch eins: Die Partie »Das habe ich nicht verstanden!« können Sie im Bedarfsfall, wenn die andere Seite Sie wirklich furchtbar nervt, so für sich entscheiden: »Das hätte mich auch gewundert.« Sagen Sie so etwas allerdings bitte nicht bei jeder Gelegenheit! Denn es klingt ziemlich arrogant, und das Tischtuch wäre dann wahrscheinlich zumindest für einige Zeit zerschnitten. Diese Reaktion ist wirklich nur eine kommunikative Notbremse. Achten Sie vielleicht auch darauf, dass die andere Seite nicht zu nachtragend ist, und vor allem: Ihnen nicht schaden kann!

Initiative	Ihre Reaktion
»Das hab' ich nicht verstanden!«	»Das hätte mich auch gewundert!« (Vorsicht! siehe oben)
	»Ich wollte Sie nicht überfordern.« (nochmals Vorsicht!)
	»Eigentlich war das gar nicht so schwierig.«
	»Der Schwarze Peter liegt in diesem Fall wohl eher bei Ihnen.«

11. Was sind überhaupt Fallen? Oder: »Dem Philosoph ist nix zu doof.«

Das ist ausnahmsweise jetzt keine Falle, sondern ein bekannter Kinderreim[6], allerdings einer von der hintergründigeren Sorte. Gemeint ist: Für einen Philosophen ist keine Frage so dumm oder absurd, dass er sie nicht stellen, ihr nicht einen Sinn abgewinnen könnte. Das Ergebnis, also die Antwort, ist manchmal höchst überraschend und alles andere als »doof«. Eine Frage, die ich mir als »Amateur-Philosoph« oft stelle, ist die: Weshalb verhalten sich die Menschen gerade so, wie sie sich verhalten? Welche Vorteile bringt ihnen ihr Verhalten? Denn oft geht es in zwischenmenschlicher Kommunikation ja um Vorteile der einen Seite und um Nachteile der anderen. Anders gesagt: Zwischenmenschliche Kommunikation hat meistens auch einen strategischen Aspekt. Es ist z.B. ein Vorteil für mich, wenn ich den anderen in eine Bringschuld-Situation hinein manövriere. Also wenn er/sie – aber nicht ich! – etwas tun muss und ich – aber nicht er/sie! – erreiche, was ich will. Eine weitere Frage wäre diese: Warum handeln die Menschen so, wie sie es tun, und nicht anders?

Gleich das nächste Kapitel stellt diese Frage in anderer Kostümierung und versucht sich auch an einer umfassenderen Antwort. Einige (Teil-) Antworten zu dieser Frage haben wir schon, andere werden wir noch bekommen. Vielleicht sollte ich, nachdem Sie bereits einige Seiten in diesem Buch gelesen haben, einmal kurz sagen, was Sie hier erwarten können und was nicht. Es gibt Fallen, bei denen Ihre Chancen gleich Null sind. Stellen Sie sich vielleicht eine Radarfalle vor, geschickt vom Gebüsch getarnt – und schon hat es Sie erwischt. Andere Fallen sind vom Typus »Nepper, Schlepper, Bauernfänger« (so der Titel einer TV-Serie). Auch wenn man den manipulativen Charakter von Fotos (etwa in Katalogen mancher Reiseveranstalter) durchschaut, ist es oft schon zu spät. Fallen dieser Art sind nicht mein Thema. Mich interessieren Fallen, die sich aus den Spielregeln unserer Kommunikation im Alltag ergeben, Fallen, in die wir immer wieder hinein stolpern, solange wir nicht merken, dass da überhaupt jemand eine Falle aufgestellt hat und wie diese funktioniert.

Bei dieser Art von Fallen wechseln wir auch, ohne dass uns das immer klar ist, die Fronten, das heißt wir sind nicht nur Opfer, sondern stellen als »Täter« auch anderen die Fallen. Das ist nicht so kriminell, wie sich das vielleicht anhört, und es sind gar nicht immer so ganz finstere Absichten, die uns dabei antreiben. Wir tun nur das, was andere mit uns machen. Es ist der kommunikative Alltag. Das tägliche Leben. Vor allem aber: Sie können etwas dagegen tun, um nicht immer wieder in dieser Art von Falle zu landen, indem Sie sich mit den Vorschlägen in diesem Buch beschäftigen. Oder in anderer Formulierung: Mir geht es um bestimmte Regeln und Konventionen der Alltagskommunikation, die wir alle mehr oder minder konsequent befolgen (z.B. eine Frage, die uns gestellt wird, auch beantworten), damit wir überhaupt friedlich zusammen leben können. Dieses Regelwerk wird aber immer wieder missbraucht, ohne dass wir dies merken. Die Beispiele in den Kapiteln zuvor haben hoffentlich schon Einiges davon deutlich gemacht. Und machen wir uns nichts vor: An diesem Missbrauch sind wir alle – Sie und ich – durchaus auch selbst beteiligt. Dennoch: In der Falle landen möchte man schließlich nicht so gern. Das klingt vielleicht ein bisschen nach doppelter Moral. Zugegeben: Ganz ohne geht es nicht ab. Denn wir wollen etwas nicht, was wir mit anderen machen. Dieser Missbrauch ist Teil unserer Alltagskommunikation. Und der »Missbrauch« ist, wie schon gesagt, gar nicht so kriminell, wie er sich vielleicht anhört. Etwas umständlicher könnten wir auch sagen: Wir alle nutzen die Spielregeln der Alltagskommunikation zu unserem Vorteil. Ich habe übrigens nicht im Geringsten vor, Missbräuche solcher Art abzuschaffen, menschliches Verhalten zu ändern (sinnlos!) oder gar Moral zu predigen (bringt auch nicht so sehr viel). Man kann aber lernen, mit Missbräuchen dieser Art besser fertig zu werden. Es ist das Ziel dieses Buches, Ihnen dabei Hilfestellungen zu geben.

12. Das Leben wiederholt sich

Sie haben es gewiss mittlerweile bemerkt: Die Kapitelüberschriften sind alte Bekannte. Redensarten des Alltags, genau so oder ganz ähnlich schon hundertfach gehört und auch selbst verwendet. Und wenn Sie sie gehört haben, was haben Sie gesagt, wie haben Sie reagiert? Ist Ihnen etwas Schlaues, etwas Geistreiches eingefallen? Oder haben Sie sich geärgert, dass die Gegenseite einen Treffer erzielen konnte, obwohl Sie schon mehr als 100 mal die Gelegenheit hatten, sich eine schlagfertige Reaktion einfallen zu lassen? Und wenn Sie selbst diese Redensarten benutzt haben, wie hat ihr(e) Kontrahent(in) reagiert?

Diese Redensarten haben es in sich, und zwar aus folgendem Grund: In unserem Leben wiederholt sich vieles. Trotz Handys der ersten, zweiten, dritten Generation, und obwohl in der Informationstechnologie alles immer schneller geht und unser tägliches Leben den Anschein von sich steigernder Atemlosigkeit annimmt. Wir würden jene Redensarten, die den meisten Kapiteln dieses Buches die Überschriften liefern, gar nicht so oft hören und selbst verwenden, würden im Alltag nicht immer wieder ganz ähnliche, manchmal sogar fast identische Situationen eintreten. Diejenigen Situationen nämlich, in denen besagte Redewendungen ihre Verwendung finden. Würde das Leben sich nicht wiederholen, dann gäbe es auch solche Redewendungen nicht wie: »Es ist die alte Geschichte« oder: »...das alte Lied«. Wenn Sie zu denjenigen gehören – in schlechtester Gesellschaft wären Sie nicht –, die unzufrieden mit sich selbst und ihren (Nicht-)Reaktionen sind, wenn die Gegenseite fragt: »Was würdest du denn an meiner Stelle tun?« oder: »Kannst du das denn nicht verstehen?«, dann können Sie mit Hilfe dieses Buches *Ihre Schlagfertigkeit verbessern.*

13. Warum frisst das Kaninchen nicht die Schlange?

Man könnte sich, wäre man von Lebenserfahrung nicht weiter angekränkelt, ganz naiv fragen, weshalb erwachsene Menschen gegen ihren Willen das tun, was andere von ihnen wollen, obwohl sie niemand dazu zwingt. Der *Zwang* ist natürlich wichtig. Denn es macht schon einen Unterschied, ob ich nichts mehr sage, weil mir jemand ein Messer an die Kehle hält, oder weil »es ja doch keinen Sinn hat«, noch einen Ton von sich zu geben. Statt Partnerschaftlichkeit, von der doch so viel geredet wird, beobachtet man allerorten Beziehungen, die sich in einer ganz massiven Schieflage befinden. Sehr oft ist es *einer*,

- der Fragen beantwortet, aber keine Antworten bekommt, wenn er selber Fragen stellt,
- der Begründungen geben muss, aber keine verlangt,
- der nicht widersprechen oder wütend werden darf etc.

Der jeweilige Partner dagegen hat »freies Schussfeld«: Er/sie stellt Fragen, verweigert Antworten und Begründungen und lässt seinen Gefühlen freien Lauf. Auf den Punkt brachte es einmal eine junge Frau, die ich am Nachbartisch eines Restaurants sagen hörte: »Die Beziehung zu meiner Schwiegermutter ist wie die zwischen Kaninchen und Schlange.« Nicht schwer zu erraten, wer in diesem Fall das Kaninchen war.[7] Sicher gibt es Gründe, weshalb die Schlange das Kaninchen ungehindert hypnotisieren und ihm signalisieren darf: »Gleich fresse ich dich.« Über diese Gründe können Ihnen Psychotherapeuten sicher Genaueres sagen. Vielleicht ist das Problem aber auch von der eher schlichten Sorte, nämlich so: Es hat jeder nur so viel Macht über den anderen, wie dieser ihm zugesteht. Für unser Thema »Kommunikationsfallen« bedeutet dies: Wer einem anderen in die Falle geht, gesteht diesem in den allermeisten Fällen mehr Macht zu, als er muss. Das heißt: Die Ansprüche der anderen Seite haben für ihn eine sehr hohe Verbindlichkeit. Bei der »lieben Tochter« konnten wir das deutlich sehen, ebenso bei dem Mann auf der Straße, der sich von der Frage des Fernsehmenschen (»Wieso nicht?«) buchstäblich überrollen ließ.[8]

Sie kennen wahrscheinlich den Spruch: »Wer fragt, der führt.« *Führen* bedeutet: andere dazu bringen, dass sie tun, was man selber will. Also: eine Bringschuld anerkennen, die man gar nicht hat, Informationen preisgeben, die man lieber für sich behalten hätte etc. Im Extremfall kann das übrigens auch heißen: sich vorführen, sich lächerlich machen lassen. Die Devise »Wer fragt, der führt« ist allerdings nur so lange richtig, wie der jeweilige Partner der Meinung ist, er müsse antworten, und zwar genau so, wie es von ihm erwartet wird. Oder wenn er gar nicht weiß, was er eigentlich genau will. Wer keine Lust hat, sich führen zu lassen, der überlegt es sich dreimal, ob er antwortet. Haben Sie Lust, sich führen zu lassen? Nachdem Sie diese Frage hoffentlich nur halb ernst genommen haben, sollten wir noch einmal kurz über die Bedeutung des

Wortes »führen« nachdenken. »Führen« meint eigentlich nichts anderes als »Kontrolle«, und »Kontrolle« meint im Prinzip so viel, dass die Gegenseite macht, was sie will, und dass ich machen muss, was sie will (Beispiel: »Wir stellen hier die Fragen!«), oder umgekehrt. In jedem Fall aber ist das Resultat eine sehr starke Asymmetrie in der Kommunikation. Die in den bisherigen Kapiteln beschriebenen Situationen waren asymmetrisch, weil es immer einer der beiden Seiten mehr oder weniger gelang, ihren Kontrollanspruch durchzusetzen, das heißt ihren Handlungsspielraum zu vergrößern und den der anderen Seite möglichst klein zu halten. Wenn in diesem Buch vor Fallen gewarnt wird, dann geht es darum, sich dem Kontrollanspruch anderer zu entziehen.[9]

14. »Was würdest du denn an meiner Stelle tun?«

Viele Fallen, ich sagte es schon, sind Fragen. Fragen, mit denen die Bereitschaft anderer zur Kooperation missbraucht oder ausgenutzt werden soll. Und wo liegt in diesem Fall der Missbrauch? Wer eine Frage stellt, zeigt dem anderen seine Bedürftigkeit, zumindest zeigt er ein Bedürfnis nach einer Information. Und wir sind fast alle so erzogen, dass wir dem Bedürftigen helfen, weil wir das ja auch von anderen erwarten, sollten wir selbst in einer solchen Situation sein. Der Missbrauch dieser Hilfsbereitschaft kann beispielsweise darin bestehen, dass ich mich in irgendeiner Weise unsozial verhalte, etwa einen anderen Autofahrer zuparke, nur weil ich dringend zum Bargeldautomaten meiner Bank muss. Zu dumm, dass ich dort aufgehalten werde. Inzwischen ist jener Autofahrer wieder bei seinem Wagen, auch er hat es sehr eilig – dass auch andere Leute Probleme haben, ist in seiner Vorstellungswelt eigentlich gar nicht vorgesehen –, und er ist begreiflicherweise ziemlich ungehalten. Ich murmele eine schlappe Entschuldigung und gehe sogleich – Angriff ist noch immer die beste Verteidigung – zur Gegenattacke über: »Was hätten Sie denn an meiner Stelle getan?« Eigentlich ist diese Frage eine bodenlose Unverschämtheit. Dafür gibt es auch den Ausdruck *Chuzpe*. Ich tue so, als habe er mir gegenüber eine Bringschuld. Erst blockiere ich ihn, dann soll er auch noch Erklärungen abgeben, die mich überzeugen. Und darin liegt denn auch besagter Missbrauch. Ich kann unserem Autofahrer nur eine Reaktion empfehlen, nämlich wenn er überhaupt den Mund aufmachen will: »Darüber denke ich erst dann nach, wenn ich an Ihrer Stelle bin.«

Initiative	Ihre Reaktion
»Was würden Sie denn an meiner Stelle tun?«	»Ich bin nicht an Ihrer Stelle.« »Darüber denke ich nach, wenn ich an Ihrer Stelle bin.«

Eines sollte wiederum klar sein: Manche Leute, und das sind oft die weniger schlitzohrigen, sind wirklich in Zwangslagen. Gerade dann, wenn sie einem etwas näher stehen, empfiehlt es sich, doch einmal darüber nachzudenken, was man an ihrer Stelle getan hätte. Also stures Abblocken dann und nur dann, wenn die Situation wirklich danach ist. Die geschilderte Situation war wirklich danach.

15. »Was können wir tun, um Sie zu überzeugen?«

Wieder so eine Frage, bei der mir ein Problem zuge-schoben werden soll, das eigentlich Andere haben. Ich soll etwas, was Andere wollen. Und wieder muss ich mir sehr genau überlegen: *Was will ich* eigentlich? Vor einigen Jahren trug ich mich mit dem Gedanken, eine Lebensversicherung abzuschließen. Ein Versiche-rungsvertreter hatte sich bei mir angemeldet, der brachte noch einen Kollegen mit. Beide versuchten nun, mir die Vorzüge ihres Angebotes schmackhaft zu machen. Im Verlauf des Gespräches kamen mir jedoch immer mehr Zweifel, ob ich den Vertrag unterschrei-ben sollte, die Unterhaltung steuerte geradewegs auf eine Sackgasse zu. Da kam einer von beiden auf den scheinbar rettenden Einfall, mich zu fragen: »Was können wir denn nun noch tun, um Sie zu überzeu-gen?« Die beiden jungen Männer waren gar nicht un-sympathisch, aber das Problem, mich zu überzeugen, war denn doch nicht mein Problem. Ich hatte wirklich keine Lust, genau diese Frage zu beantworten, noch mir überhaupt Gedanken zu dem Thema zu machen. Schließlich wollte ich mir ja nun nicht selber eine Ver-sicherung verkaufen. Als Antwort hatte ich »Gar nichts« auf der Zunge, aber das hätte selbst in meinen Ohren[10] reichlich brüsk geklungen. »Tut mir leid, aber das weiß ich auch nicht«, sagte ich stattdessen. Es ist wichtig, dass man in solchen Situationen

a) *weiß, was man selber will* (in diesem Fall den Vertrag nicht unterschreiben); *Was man soll*, d.h. was Andere von einem wollen, ist nicht ganz so wichtig, es hat in jedem Fall nicht die erste Priorität;

b) dass man außerdem durchaus bereit ist, *in bestimmten Situationen als Inkompetenzling dazustehen*, als jemand, der eine Antwort nicht weiß, oder aber als jemand, der einem Bedürftigen, den man nach allgemeiner Übereinkunft doch nicht im Regen stehen lässt, nicht helfen kann (oder will).

Initiative	Ihre Reaktion
»Was können wir denn noch tun, um Sie zu überzeugen?«	»Gar nichts.« (sehr brüsk!) »Tut mir leid, das weiß ich auch nicht.« »Lassen Sie sich etwas einfallen!« »Ich glaube, Sie haben getan, was Sie konnten.« (kann etwas hinterhältig klingen)

16. »Was verstehst du schon von Liebe?«

Oder von Autos, Notebooks, Bordeaux-Weinen oder von Haarwaschmitteln. Es ist letztlich auch egal, wovon. Was jedoch nicht egal ist: Hier handelt es sich um eine ganz andere Art von Frage als in den Kapiteln zuvor, denn für den Fragenden steht die Antwort bereits fest, noch bevor er den Mund aufgemacht hat zu seiner Frage. Natürlich verstehen Sie seiner Meinung nach überhaupt nichts von der Sache, um die es ihm gerade geht. Vielleicht wissen Sie auch: Eine solche Frage – eigentlich hat sie die Bedeutung einer Feststellung – nennt man eine *rhetorische Frage*. Nehmen Sie diese Frage auf gar keinen Fall wörtlich! Das heißt: Zählen Sie möglichst nicht auf, was Sie doch von Weinen, Laptops etc. verstehen! Beweisen Sie also in diesem Fall ausnahmsweise einmal nicht Ihre Kompetenz! Nicht ganz leicht, ich weiß. Die Beweise werden eh nicht anerkannt. Es fragt sich dennoch, ob Sie überhaupt reagieren sollten, und wenn ja: wie?.

Es ist an dieser Stelle hilfreich zu unterscheiden, ob Sie sich in einem Vier-Augen-Gespräch befinden oder ob noch andere Zeugen der Auseinandersetzung sind. Schweigen und dadurch die Frage ins Leere laufen zu lassen, das empfiehlt sich im ersteren der beiden Fälle, also wenn Sie Ihrem »Aggressor«, wie wir ihn einmal nennen wollen, Auge in Auge gegenüber stehen oder sitzen. Denn, wie gesagt, Sie müssen ja nicht antworten, wenn Sie nicht wollen. Wenn andere hingegen präsent sind, ist es wohl doch eher geraten, *den Spieß umzudrehen*. Etwa indem Sie sagen: »Mit deiner Ignoranz kann ich noch allemal konkurrieren.« Oder etwas milder: »Wahrscheinlich mehr als du.« Damit gehen Sie dann in die Offensive. Zumindest steht die Partie dann unentschieden. Wenn Sie in Gegenwart anderer nämlich gar nichts sagen, dann bleibt der Angriff gegen Sie ohne Ihren Konter. Es kann dann der Eindruck entstehen, Sie wüssten sich nicht zu wehren. Die andere Seite behielte das letzte Wort und die ganze Situation unter Kontrolle. Und es ist ziemlich wahrscheinlich, dass der Aggressor dann sein wichtigstes Ziel erreicht hat, nämlich Ihr Image zu demontieren oder Sie sogar lächerlich zu machen. Denn noch einmal: Ihm ging es hauptsächlich darum, Sie zu demütigen und zum Schweigen zu bringen. Vermeiden Sie also nach Möglichkeit folgende Situation: Der andere agiert, und Sie reagieren nur noch. Wenn Sie nur noch reagieren, das heißt sich nur noch verteidigen, statt gleich wieder zur Gegenattacke überzugehen, ist Ihr Handlungsspielraum sehr eingeengt, und in einer solchen Lage fühlt man sich meistens nicht sehr wohl.

Initiative	Ihre Reaktion
»Was verstehst du schon von ...?!«	»Mit deiner Ignoranz/ Inkompetenz kann ich noch allemal konkurrieren.« (ziemlich schroff!) »Wahrscheinlich mehr als du.«

17. »Sie mögen wohl keine Musik?«

Diese Antwort in Form einer Frage (!) musste sich der Mitarbeiter einer überregionalen deutschen Tageszeitung anhören, als er in einem italienischen Badeort Urlaub machte, besser gesagt: machen wollte. Riesige Lautsprecher sorgten für einen konstant hohen Geräuschpegel am Strand, niemand musste sich – wenigstens akustisch – einsam fühlen. Als der Mann, leicht genervt, in der Tourismuszentrale deswegen vorstellig wurde, wurde ihm klar gemacht, dass seine Vorstellungen von geruhsamem Urlaub und Entspannung als etwas ungewöhnlich, um nicht zu sagen abartig eingestuft wurden. Und sogleich schlug die Dame hinter dem Tresen einen Haken und drehte den Spieß um: »Sie mögen wohl keine Musik?« Dahinter stand: »Was müssen Sie für ein Mensch sein!«

Der Journalist sah von einer Erklärung hinsichtlich seiner musikalischen Vorlieben ab, packte seine Siebensachen und suchte sich – schließlich war er mobil – eine neue Bleibe. Eine leichte Verschiebung im Gesprächsthema oder ein abrupter Themenwechsel – diese Mittel werden gerne dann eingesetzt, wenn jemand nach dem Prinzip verfährt: »Angriff ist die beste Verteidigung.« Und man greift an und behält die Oberhand, wenn man das Gesprächs- oder besser gesagt Streitthema unter seine Kontrolle bringt. So erging es einmal einem meiner Kollegen, der in seiner Vorlesung eine junge Studentin mit ihrem schlafenden Kleinkind sitzen hatte. Das Baby erwachte nach einer gewissen Zeit, bekam Hunger und meldete sich, wie nicht anders zu erwarten war, auf seine Weise. Mein Kollege musste seinen Vortrag unterbrechen. Nach einem kurzen Wortwechsel sah er sich plötzlich mit der Frage konfrontiert: »Haben Sie selbst Kinder?« Ganz klar war das der Versuch, aus der Defensive in die Offensive zu wechseln, und damit die Situation und den Gegner unter die eigene Kontrolle zu bringen. Mein Kollege *hat* Kinder, aber zu Auskünften über sein Privatleben sah er sich nun doch nicht veranlasst. Er hatte auch absolut keinen Grund, sich als guter Mensch zu profilieren, der gegen Kinder nicht nur nichts hat, sondern sie darüber hinaus – in welcher Situation auch immer – »total süß« findet. Er sagte stattdessen: »Mir geht es im Augenblick um das Kind, das Sie haben, nicht um mein Privatleben.« Falls Ihnen diese Reaktion jetzt herzlos vorkommt, eines wollen und dürfen wir nicht vergessen: Auch ein Hochschullehrer ist jemand, der dafür bezahlt wird, dass er seinen Job ordentlich macht. Das ist eben nur möglich, wenn er sein Wissen ohne größere akustische Störungen an seine Hörerschaft weiter geben kann. Es geht in beiden Fällen darum, was überhaupt Thema der Unterhaltung oder der Auseinandersetzung sein soll. Wer spürt, dass er mit dem einen Thema keine Punkte sammeln kann, der wechselt nicht nur das Thema, sondern versucht zugleich, die andere Seite durch eine Frage (schon wieder eine Frage!) in die Defensive zu drängen. Wenn Sie dies merken, dann verwenden Sie am besten die Standardformulierung: »Darum geht es gar nicht, es geht vielmehr um …« oder etwas Vergleichbares.

Quasi als Fußnote: Als im Spätsommer 2001 die zweifelhaften Mallorca-Flüge des Bundesverteidigungsministers Thema der öffentlichen Diskussion waren, versuchte einer seiner Verteidiger diesen »Befreiungsschlag«: »Darf ein Minister keinen Urlaub machen? Natürlich darf er das!« Diese Wendung des Themas hatte nun wirklich niemanden interessiert.

Initiative	Ihre Reaktion
»Sie mögen wohl keine Musik?«	»Ich mag Musik, aber nicht in der Lautstärke.« »Wenn Sie den Unterschied zwischen Musik und Lärm nicht kennen …«
»Haben Sie selbst Kinder?«	»Über mein Privatleben können wir uns morgen unterhalten.« »Mir geht es im Augenblick um ihr(e) Kind(er).« »Das ist im Augenblick nicht das Thema.«

18. »Was hast du gegen ihn?«

Diese Frage hört man ziemlich häufig. Ihre Grundform ist eigentlich: »Was hast du gegen ...?« Gemeint muss dabei nicht unbedingt eine Person sein, es kann sich auch um eine Sache handeln. Eine Variante, allerdings nur auf Personen bezogen, lautet: »Was habe ich/hat sie(er) dir getan?« Im Vergleich zu den bis jetzt erörterten Fragen kommt nun etwas Neues ins Spiel. Es ist die Unterstellung, die in dieser Frage enthalten ist. Eigentlich müssten Sie jetzt zwei verschiedene Reaktionen parat haben:

- auf die Unterstellung selbst: »Du hast etwas gegen sie/ihn/mich.«
- auf die Frage: »Was ist es genau, was du gegen ... hast?«

Wenn Sie wirklich gegen den/die Betreffende(n) etwas haben und das auch gerne sagen möchten, dann haben Sie überhaupt kein Problem. Wenn Sie allerdings weder die Unterstellung akzeptieren können noch die Frage selbst beantworten wollen, dann ist in einem solchen Fall durchaus einmal die *Zurück-an-den-Absender-Frage* angebracht.

Sie werden sich erinnern: In Kapitel 9 war sie Thema. Warum nicht auch einmal selbst auf das zurückgreifen, was die Schlitzohrigen sowieso in ihrem Gepäck haben? Wichtig ist also: Worauf man nicht eingehen will (die Frage oder die Unterstellung), darauf geht man tunlichst auch nicht ein. Mit der Zurück-an-den-Absender-Frage tun Sie das auch nicht.

Initiative	Ihre Reaktion
»Was hast du gegen sie/ihn?«	»Wieso meinst du, ich hätte was gegen ...?«
»Was hat dir ... getan?«	»Ich weiß leider nicht, wovon du redest.«

19. »Kannst du das denn nicht verstehen?!«

»Ich würde den Abend gerne mit dir verbringen, kannst du das denn nicht verstehen?!« Der Ton, den der junge Mann in der TV-Serie »Verbotene Liebe« (27. 10. 1999) anschlug, klang ziemlich gereizt und irgendwie unpassend, denn seine Partnerin wirkte alles andere als begriffsstutzig. Der Appell an ihr Fassungsvermögen kam mir denn auch reichlich deplaziert vor. Oder ging es um etwas völlig anderes?

Ich hatte beim Zuschauen das ungute Gefühl – ich identifiziere mich gerne mit den einzelnen Personen –, hier sollte wieder einmal jemand *in die Falle gelockt* werden. Und wieder mit einer Frage – wen wundert's noch? Doch meine Befürchtung erwies sich als unbegründet. Die Dame war klug und durchschaute sein Spiel: Sie ließ die Frage ohne Antwort. Sie hatte für den Abend bereits anders disponiert und hatte keine besondere Lust, sich noch mit Nebenthemen wie Verständnis & Co. lange aufzuhalten. Bravo!, dachte ich erleichtert, zumal mir der Junge ohnehin nicht besonders sympathisch war. Ich hätte sie ihm nur nicht gegönnt? Das kann natürlich sein.

Bevor wir darüber aber gemeinsam spekulieren, wollen wir uns lieber fragen: Was war das jetzt überhaupt wieder für eine Falle? Zunächst bekommt sie einen aparten Namen: Sie soll »Akzeptanzerschleichung« heißen.

Sodann ein ganz kurzer Ausflug in die Geschichte: Vor etwa 200 Jahren formulierte Madame de Staël (gesprochen wie »Stahl«), eine außerordentlich geistreiche Frau und Autorin eines Buches über Deutschland, den seither zum geflügelten Wort avancierten Satz: »Tout comprendre, c'est tout pardonner.« Zu Deutsch etwa: Alles verstehen heißt alles verzeihen. Der kritische Unterton sollte dabei nicht zu überhören sein. Gemeint ist nämlich: Man kann alles übertreiben, auch das Verständnis für seine Mitmenschen. Wer jeden und alles versteht, riskiert den Verlust seiner Maßstäbe. Er verzeiht nicht nur alles, er akzeptiert auch alles, und das ist noch viel wichtiger als das Verzeihen und in den Konsequenzen noch viel schwerwiegender. Denn letztlich geht es darum: um das Akzeptieren. Das Verstehen steht zwar im Vordergrund (»Kannst du das nicht verstehen?!«), ist aber eben nur vordergründig wichtig. Das, was gar nicht genannt wird, das Akzeptieren, ist das eigentlich Wichtige. Es ist aber nicht leicht, gegen etwas zu argumentieren, was gar nicht genannt wird. Der junge Mann in der TV-Serie wollte gar nicht unbedingt verstanden werden, seine Partnerin sollte sein Begehr lediglich akzeptieren, das hätte ihm völlig gereicht. Er hätte sich gewiss eher die Zunge abgebissen, als das in dieser Form zu sagen.

Wenn der Straßenräuber, der mich um den Inhalt meiner Brieftasche erleichtern will, mir von seiner trostlosen Kindheit erzählen würde, mir kämen wahrscheinlich die Tränen. Natürlich würde ich ihn verstehen, wenn er mich fragen würde. Und wie! Ich habe trotzdem keine Lust, mich ausrauben zu lassen! Oder derselbe Gedanke in ganz zugespitzter Form: Wenn ich auch noch Verständnis für meinen Henker haben soll, dann kann ich dessen Geschäft auch gleich selber besorgen. Anders gesagt: Auch Verständnis braucht seine Grenzen. Zum Glück werden wir, Sie und ich, nicht jeden Tag ausgeraubt, noch gar hingerichtet, sondern haben uns mit sehr viel banaleren Problemen herumzuschlagen. Was aber fast jeden Tag passiert, ist, dass jemand von uns etwas will, das er so ohne weiteres nicht bekommen würde. Etwas, das wir akzeptieren sollen, aber nicht wollen oder können. Deshalb der Köder »Verständnis«. Man versteht etwas, und schon fällt einem die Akzeptanz dessen leichter, was man eben so noch überhaupt nicht wollte. Akzeptanz wird erschlichen, Verständnis ist das Mittel dabei. Das ist jedenfalls das Kalkül. Und diese Rechnung geht sehr oft auf. Ich plädiere gewiss nicht für herzloses Unverständnis, denn auf das Verständnis anderer sind wir schließlich alle hin und wieder angewiesen. Bestimmte Dinge akzeptiert man außerdem wirklich leichter, wenn man sie verstanden hat, akute Verstimmungen etwa bei Leuten, mit denen sonst gut auszukommen ist. Mein Nachbar beispielsweise knurrte mich letztens auf der Treppe an. Leicht irritiert ging ich weiter. Des Rätsels Lösung: Er kam soeben vom Finanzamt. Den Rest können Sie sich denken. Dennoch sind Verstehen und Akzeptieren zwei Paar Schuhe. Auf die Frage: »Kannst du das nicht verstehen?«, lässt sich etwa antworten: »Verstehen ja, akzeptieren nein.« Man braucht diese an und für sich etwas spröde Reaktion in seinem kommunikativen Repertoire, denn viele Zeitgenossen, die sonst eigent-

60

lich gar nichts Übles im Schilde führen, versuchen, Akzeptanz via Verständnis zu erschleichen. Ein Wort noch zu dem Verb *erschleichen*, denn das benutzt man ja nicht jeden Tag. Es bedeutet so viel wie »sich mit List etwas verschaffen«. Es ist also nicht die hundertprozentig saubere Art. Und im Extremfall, wenn es mal so richtig knüppeldick kommt, wenn Ihnen also auch diese Reaktion noch »zu weich« vorkommt, dann sagen Sie etwa: »Ich habe jetzt ganz einfach keine Lust, das (oder: Dich) zu verstehen.« Oder Sie reagieren auf den Vorwurf: »Du hast mich überhaupt nicht verstanden!« vielleicht so: »Das war auch nicht mein Ehrgeiz.« Möglich, dass Ihnen das zu herzlos klingt. Akzeptiert! Nur: Ebenso wie niemand einen Anspruch auf eine Antwort von Ihnen hat, die Sie nicht freiwillig herausrücken, so hat auch niemand ein Recht auf Ihr Verständnis. Das geben Sie freiwillig – oder Sie geben es nicht! Und schließlich: Niemand hat ein Recht, Ihre Verständnisbereitschaft zu missbrauchen.

Initiative	Ihre Reaktion
»Kannst du das nicht verstehen?«	»Verstehen ja, akzeptieren nein.« »Wenn ich mich ganz furchtbar anstrenge, ja.«
»Du hast mich überhaupt nicht verstanden!«	»Tut mir leid, das war auch nicht mein Ehrgeiz.« »Ich habe jetzt wirklich keine Lust, dich zu verstehen.« (klingt beides ziemlich brüsk) »Du Ärmste(r), niemand versteht dich!« (verletzende Ironie!)

Mildere Reaktionen als die genannten kann ich Ihnen leider nicht empfehlen. Die gelten natürlich nur für den Fall, dass Sie wirklich nicht wollen, was da jemand von Ihnen verlangt.

20. »Bilde dir doch erstmal ein Urteil!«

Klar: Wer drauf los redet und nicht weiß, wovon er redet, der hätte besser den Mund gehalten. Ein bisschen Ahnung und Sachkenntnis sollte schon sein. Aber auch diese Bereitschaft, sich erst einmal ein Urteil zu bilden, und erst dann zu reden oder auch seine Entscheidungen zu treffen, lässt sich missbrauchen. Mit einem Appell an die Selbstkritik lässt sich ebenfalls eine Falle aufbauen.

Es war ein Sommerabend im Jahr 1977, wir saßen im Innenhof eines Restaurants in Burgund, am Nebentisch Leute unseres Alters aus Belgien, mit denen wir bald ins Gespräch kamen. Der Mann hatte vor einem Jahr sein medizinisches Staatsexamen abgeschlossen und arbeitete nun als Militärarzt. Beim Militär? Ich fragte nach, denn damals war, zumindest aus deutscher Perspektive, das Militär nicht unbedingt das Ziel aller beruflichen Wünsche, noch dazu für einen Mediziner. Seine Antwort auf meine Frage nach dem Warum seiner Entscheidung: »Ich wusste doch gar nichts vom Militär!« Jetzt war ich noch erstaunter. Was war das für eine Begründung? Als ich nun doch etwas indiskret nachbohrte (was ging mich die Sache schließlich an?), stellte sich heraus: Man hatte ihn überredet. Jemand, der offensichtlich an ihm, vielleicht auch an entsprechenden Nachwuchskräften überhaupt, interessiert war. Er selbst hatte zunächst abgewehrt und wurde dann plötzlich mit der Frage konfrontiert: »Kennst du das Militär denn? Weißt du überhaupt, wovon du redest?« Auf die Gefahr hin, mich zu wiederholen: Es war auch hier wieder eine Frage, die zur Falle wurde. Jetzt stand er jedenfalls mit dem Rücken zur Wand, musste zugeben, dass er wirklich keine Ahnung hatte, und fühlte sich bei seiner Ehre gepackt. Und fing beim Militär an. Vielleicht ist er da glücklich geworden, vielleicht auch sind ihm manche Probleme einer Existenz als niedergelassener Arzt erspart geblieben.

Aber diese Frage ist weniger interessant als diejenige, weshalb er seinerzeit nicht die Gegenfrage gestellt hat: »Weshalb soll ich mich dafür interessieren? Weshalb soll ich mir überhaupt in dieser Angelegenheit ein Urteil bilden?« Auch hier hatte sein Kontrahent, der offensichtlich ein Stück gewiefter war und sich im Fallenstellen etwas besser auskannte, einen *Kampf um die Bringschuld* angezettelt und sogleich gewonnen. Anders gesagt: Er hatte seine Strategie ohne nennenswerte Gegenwehr durchgesetzt. Denn unser junger Militärarzt war seinem Gegenüber überhaupt kein kompetentes Urteil über das belgische Militär schuldig. Er hätte etwa sagen können, er wisse zwar wirklich nicht, wovon er im Augenblick gerade rede, und er sei seinem Gegenüber auch keine Begründung schuldig, die diesen überzeuge, er wolle aber trotzdem nicht zum Militär. Er hätte außerdem sagen können: »Weshalb ich diesbezüglich Ahnung haben soll, das kannst du mir jetzt bitte mal erklären.« Dann wäre klar geworden: Nicht er stand im Obligo, sondern sein Gesprächspartner. Aber da er das Spiel nicht durchschaute, stand er nun selbst in der Defensive. Außerdem: Ein Menschenleben ist wirklich zu kurz, als dass man sich in den meisten Institutionen, die es auf Erden gibt, auskennen könnte. Und: Man sollte es sich leisten können, zu bestimmten Dingen keine Lust zu haben, obwohl man sie gar nicht kennt. Ich habe z. B. keine Lust, Marihuana zu rauchen, obwohl ich keine Ahnung habe, wie das Zeug schmeckt, und der Südpol ist auch nicht das Ziel meiner Wünsche, obwohl ich noch nie da war. Es reicht mir zu wissen, dass es dort kalt ist.

Lassen wir den Medicus, ich habe nach dieser Begegnung nie wieder etwas von ihm gehört. Aber die Art, wie er in die Falle gegangen sein musste, die konnte ich noch öfter beobachten. Auf die gleiche Weise werden sehr viel jüngere Leute als er etwa zum Drogenkonsum verleitet. Wenn es nicht die Methode ist: »Sei kein Frosch!«, dann die: »Du weißt doch gar nicht, wovon du redest«, die jegliche Abwehr platt walzen soll. Und auch 15jährige lassen sich überhaupt nicht gerne sagen, sie hätten keine Ahnung. Denn in beiden Fällen fühlen sie ihr Image bedroht. Hier ist manchmal eine so genannte »forcierte Ignoranz« ganz hilfreich: »Ich habe keine Ahnung, und mich interessiert die Sache auch nicht.« Eine Ignoranz also, zu der man sich ganz selbstbewusst und ungeniert bekennt. Etwas Anstrengung ist da allerdings erforderlich. Wer also meint, ich hätte kein Urteil zu irgendetwas – kann ja durchaus sein, dass er Recht hat –, der soll mir bitteschön erst einmal erklären, weshalb ich zu dieser Sache eines haben soll. Nicht Sie haben die Bringschuld, sondern er! Natürlich ist es nicht meine Absicht, das Militär und harte Drogen in einen Topf zu werfen, das haben Sie aber auch nicht so verstanden, oder? Man kann aber ganz sicher Menschen, das zeigen uns beide Beispiele, zu ganz verschiedenen Zwecken in ein und dieselbe Falle locken. Eine Variante dieser Falle ist die folgende: Möglich, dass in einer Diskussion meine Position auf nicht besonders soliden Fundamenten steht. Mein Kontrahent wird versuchen, meine Meinung mit dem Argument zu erschüttern: »Das kannst du nicht wissen.« Oder: »Das weißt du nicht sicher.« Mag sein. Aber nur deshalb, weil meine Ansicht etwas wackelig da steht, ist die Gegenposition, nämlich seine Ansicht, nicht automatisch die richtige. Auch so eine Falle, in der schon viele gelandet sind.

Initiative	Ihre Reaktion
»Du weißt doch gar nichts von …«	»Und weshalb sollte ich etwas davon wissen?« »Entschuldige meine Ignoranz, aber die ist wirklich unheilbar.« »Wenn du Ahnung davon hast, reicht mir das völlig.« »Ich habe wirklich keine Ahnung davon, und mich interessiert die Sache auch nicht.«
»Das weißt du nicht sicher.«	»Möglich, aber deshalb ist deine Meinung noch lange nicht akzeptabel für mich.«

21. Eine Art Zwischenbilanz

Sie erinnern sich vielleicht: Ich habe nun schon mehrfach die Ausdrücke benutzt: »jemandem eine Bringschuld aufzwingen«, »jemanden in die Defensive drängen«, »jemandes Handlungsspielraum einengen«, so dass dieser jemand »nur noch reagiert« (aber eben nicht agiert). Dies ist ein Ziel, das viele Menschen verfolgen, wenn sie sich in Auseinandersetzungen mit anderen befinden. Wahrscheinlich haben Sie dieses Ziel ebenfalls gelegentlich im Auge. Mir selbst geht es jedenfalls nicht anders. Es ist, wie schon mehrfach betont, auch gar nicht so kriminell, wie es sich vielleicht anhört. Eigentlich ist es ein ganz normales Verhalten. Erving Goffman, ein »Klassiker« der amerikanischen Soziologie (siehe Literaturverzeichnis), spricht in diesem Zusammenhang von der Bedrohung des »negativen Gesichts« (*negative face*) einer Person. Der Ausdruck klingt wahrscheinlich etwas fremdartig, gemeint ist mit dem »negativen Gesicht« aber nichts anderes als das Interesse eines jeden von uns, den eigenen Handlungsspielraum in der zwischenmenschlichen Kommunikation, also die Zahl seiner Optionen, möglichst groß zu halten. Kurz gesagt: möglichst wenig, am besten gar *nichts zu müssen*, besonders nicht *reagieren zu müssen*. Zu den Einschränkungen des eigenen Handlungsspielraums, die die meisten Menschen gar nicht so gerne haben, gehören zum Beispiel:

- Fragen beantworten,
- argumentieren und sich rechtfertigen müssen,
- sich erklären müssen,
- fremde Anweisungen ausführen,
- nicht »nein« sagen können.

Was daran als so unangenehm empfunden wird, ist dies: Man begibt sich gewissermaßen »in die Hand« der Gegenseite, muss man doch damit rechnen, dass Antworten, Argumente, Rechtfertigungen und Erklärungen als unzureichend aufgefasst werden (obwohl sie es vielleicht gar nicht sind), dass weitere Fragen gestellt oder Erklärungen verlangt werden und man sich so, ganz allgemein gesprochen, dem fremden Urteil unterwirft. Möglich auch, dass einem nichts Passendes einfällt, wenn man »zur Kasse gebeten« wird. Die Gegenseite hat alle Freiheiten, »ihr Thema« zu etablieren und es nach Gutdünken zu behandeln. Und sie verwaltet das relevante Urteil in dieser Situation, das heißt, sie sagt, was akzeptabel ist und was nicht. Man selber steht, wie nun schon mehrfach gesagt, tief in der Defensive, und nicht jede(r) schafft es, aus dieser Situation heraus einen Überraschungsangriff zu starten. Für diese Problematik gibt es übrigens bestimmte Managementtechniken, etwa die Kontrolle der eigenen Zugänglichkeit und Ansprechbarkeit. Wer sich beispielsweise durch seine Sekretärin »abschirmen« lässt, reduziert die Zahl der Situationen, in denen er reagieren muss, ganz erheblich.[11] In ähnlicher Weise reduzieren diejenigen ihre Reaktionszwänge beträchtlich, die einlaufende Telefonate auf dem Anrufbeantworter »vorsortieren«, statt den Hörer abzunehmen, wenn es klingelt.

Das »positive Gesicht«, das andere ebenfalls bedrohen können, lässt sich vielleicht am besten mit einem »positiven Bild von einem selbst« umschreiben, das andere möglichst durch ihre Wertschätzung und ihren Respekt bestätigen sollen. Wir haben also an die Menschen, mit denen wir umgehen, grundsätzlich zwei Forderungen, eine in positiver und eine zweite in negativer Formulierung:

- »Bestätige bitte das, was ich gerne sein möchte, durch deine Wertschätzung und deinen Respekt!«
- »Bringe mich bitte nicht in Zwangslagen, schränke meinen Handlungsspielraum nicht ein!«

Das »positive Gesicht« (im Sinn von E. Goffman) bezieht sich auf die erste der beiden Forderungen, das »negative Gesicht« auf die zweite, die negative Forderung. Übrigens: Ob uns die beiden Forderungen immer bewusst sind, das ist dabei nicht so entscheidend. Noch etwas: Natürlich ist dies die Formulierung des Idealfalles. Denn wenn wir nicht bereit wären, ein gewisses Maß an Einschränkung unserer Handlungsfreiheit hinzunehmen, indem wir etwa Fragen beantworten, einer Bitte nachkommen oder gewünschte Erklärungen abgeben, hätten wir ganz erhebliche Probleme mit unseren Mitmenschen, nämlich eben dann, wenn wir das von anderen erwarten, wozu wir selber nicht bereit sind. Ich bin fest davon überzeugt, dass die Bedrohung des »negativen Gesichts«, also die Einschränkung des kommunikativen Handlungsspielraums, für viele Menschen ein ganz erhebliches Problem ist, denn sie ist oft nur schwer zu erkennen und wird, wenn überhaupt, allenfalls durch ein dumpfes

Unbehagen fass- und fühlbar. Die Bedrohung des »positiven Gesichts«, etwa durch eine Beleidigung oder auch nur durch einen Gruß, der mangelnde Wertschätzung ausdrückt, ist viel leichter wahrnehmbar. Das heißt: Man kann sich im Regelfall leichter dagegen wehren, indem man z. B. jemanden zurechtweist. Gegen etwas jedoch, das man nur ahnt, aber intellektuell gar nicht richtig in den Griff bekommt, kann man sich nur sehr viel schwerer zur Wehr setzen, wenn überhaupt. Aus diesem Grund haben die meisten Kapitel dieses Buches mit der Bedrohung des »negativen Gesichtes«, also mit der Einschränkung unseres kommunikativen Handlungsspielraums durch andere – und natürlich mit unseren möglichen Gegenmaßnahmen – zu tun.

Was auch hierher gehört: Mit Kommunikation hat zwar das *Wartenmüssen* nur noch indirekt zu tun, aber wer warten muss, der fühlt seinen Handlungsspielraum ebenfalls sehr eingeschränkt, denn er ist nun nicht mehr Herr seiner Zeit. Dem Wartenmüssen korrespondiert das *Wartenlassen*, mit dem manche sehr gerne ihre Macht über andere demonstrieren.

22. »Sei kein Frosch!«

»Hab dich nicht so!« »Stell dich nicht so an!« »Dir fällt schon kein Stein aus der Krone!« Wahrscheinlich fallen Ihnen noch weitere mehr als hundertmal gehörte (und vielleicht auch selbst ebenso oft benutzte) Sprüche ein, die in diesen Zusammenhang passen. Und immer geht es darum, dass jemand etwas nicht will, was er soll. Was macht man in diesem Fall? Man überredet ihn/ sie oder versucht dies zumindest. Drohungen und Versprechungen sind gewiss sehr wohl erprobte Mittel, aber – die Überschrift verrät es schon – auch Abwertungen und Herabsetzungen der Person tun meistens ihre Wirkung. Erstaunlich, wie oft das funktioniert. Man greift das Image seines Partners kurzfristig an und gibt ihm/ihr gleichzeitig die Gelegenheit, diesen Schaden (wenn es denn einer ist!) selbst wieder zu reparieren – indem er/sie das tut, was man selber will. Das klappt, wie gesagt, ziemlich oft. Das hatte uns das Kapitel zuvor ja auch schon gezeigt. Das müsste aber gar nicht klappen. Denn: Es ist sicher nicht gänzlich uninteressant, was andere von uns denken, aber was denken wir denn selbst von uns? Diese Frage – sie ist ja doch viel wichtiger! – sollten wir uns vielleicht etwas häufiger stellen, besonders dann, wenn jemand negativ über uns urteilt. Was er/sie übrigens darf, die Gedanken sind schließlich frei. *Wir* dürfen das ja auch – und tun es. Aber wie wichtig mir ein solches Urteil aus fremdem Mund ist, darüber bestimme ich immer noch selbst! Mag er mich für einen »Frosch, Waschlappen, Weichei« etc. halten – ich bin nichts davon. So einfach ist das! Im Prinzip jedenfalls. »Reichlich weltfremd und idealistisch«, werden einige von Ihnen jetzt vielleicht einwenden, und damit hätten Sie nicht völlig Unrecht. Denn wenn eine sehr nahe Bezugsperson (Eltern, Partner[in], Kollege etc.) uns abwertet, haben wir es meist erheblich schwerer, dagegen zu halten – das Beispiel von der »braven Tochter« zeigte es uns plastisch –, und im Extremfall müssen wir uns von fachkundiger Seite helfen lassen, die uns dann hoffentlich zu der Einsicht verhilft, von der ich bereits sprach: Wessen Urteil uns wie wichtig ist (und ob überhaupt), darüber bestimmen wir noch immer selbst. Mir jedenfalls ist mein eigenes Urteil über mich am wichtigsten. Ebenso ist es mir wichtig, mich nicht so einfach in die Defensive drängen zu lassen.[12] Zwei Typen von Reaktionen bieten sich hier an:

– Man besteht auf der Gegenstandslosigkeit des Vorwurfs bzw. der Beleidigung (die erste und die dritte der folgenden Reaktionen gehören dazu).
– Das, was ich *offensive Akzeptanz* nennen möchte: Man entwertet die Beleidigung dadurch, dass man sie sich *als Selbstetikettierung zu eigen macht*. Das ist ein Verfahren, das im Laufe der Geschichte immer wieder praktiziert wurde: »Demokratie« war ursprünglich ein Schimpfwort (= »Herrschaft des Pöbels«), ebenso wie verschiedene Begriffe der Kunstgeschichte (*Impressionismus, Kubismus, Fauvismus* und auch *Gotik* als »Barbarenstil«).[13] Die verbale Waffe ist im Lauf der Zeit stumpf geworden.

Initiative	Ihre Reaktion
»Weichei, Schattenparker, schlappe Nudel ...!«	»Es ist mir im Augenblick ziemlich egal, was du von mir hältst.« »Ich parke immer im Schatten.« »Falls du mich beleidigen willst, schreib's dazu, ich merke es sonst nicht.« »Sei wenigstens originell, wenn du schon ausfällig wirst.«

23. »Wir wollen doch hier nicht werten!«

Seltsam, wie diese Formulierung in Talkshows und so genannten Expertenrunden um sich greift. Dabei geht es eigentlich immer nur um negative Wertungen, Positives darf jeder sagen, soviel er oder sie will. Das Wertungsverbot oder -tabu ist eine äußerst komfortable Vielzweckwaffe. Und eine Falle, in die man leicht hineintappt, weil dieses Wertungsverbot die Aura von vorurteilsfreier Vernunft und überhaupt von Aufgeklärtheit an sich hat. Nehmen wir einmal an, wir alle befolgten ab heute das Wertungsverbot. Das hätte abenteuerliche Konsequenzen. Nur noch Tatsachen festzustellen, nicht aber zu sagen, *wie sie sind*, das *läuft unserem fundamentalen Orientierungsbedürfnis zuwider*. Verbieten wir uns einmal zum Spaß die Feststellung,

– dass sich jemand unklar ausdrückt,
– dass meine neu gekaufte Brille schlecht sitzt,
– dass das Preis-Leistungs-Verhältnis in meiner Lieblingspizzeria immer ungünstiger wird …

Wollen, nein: Können wir das wirklich? Ich meine, wir können gar nicht. Denn derjenige, der das Werten am liebsten verbieten würde, der wertet ja schließlich selber! Er findet das Werten negativ. Man kann gar nicht *nicht* werten. Glücklicherweise. Es kann dennoch – wohlgemerkt: *es kann* – gelegentlich ganz sinnvoll sein, sich eine Zeit lang in puncto Wertung einige Zurückhaltung aufzuerlegen. Psychotherapeuten etwa, die sich in der für Laien oftmals verwirrenden Vorstellungs- und Gefühlswelt ihrer Patienten zurecht finden müssen, tun ganz sicher gut daran, das nicht zu bewerten, was ihnen da erzählt wird. Wenn man diese therapeutische Maßnahme aber verallgemeinert, dann kommt etwas so Sinnloses wie das pauschale Wertungsverbot heraus. Falls Sie auf das Wertungsverbot überhaupt reagieren wollen oder müssen, haben Sie verschiedene Möglichkeiten:

»Gegen positive Wertungen haben Sie ja wohl nichts, oder?«
  »Ohne Wertung kein Durchblick!«
  »Sie werten ja selber, das merken Sie nur nicht.«

Initiative	Ihre Reaktion
»Wir wollen doch hier nicht werten!«	»Ohne Wertung kein Durchblick.« »Gegen positive Wertungen haben Sie ja wohl nichts.« »Sie werten ja selber, das merken Sie nur nicht.«

24. »Es ist doch sicher in Ihrem Interesse ...«

Eine Situation, in der bei mir die rote Warnleuchte blinkt! Die andere Seite redet von meinem Interesse und hat dabei ganz besonders ihr eigenes im Blick. Meistens jedenfalls. Und dabei muss das Wort »Interesse« gar nicht fallen.

Die folgende Situation kommt im gleichen Grundmuster und in zahlreichen Varianten immer wieder vor. Ein Hotel in Süddeutschland bot seinen Gästen zweimal in der Woche Minibus-Touren in die nähere und fernere Umgebung an. Es sollte diesmal nach Straßburg gehen. Als wir uns zur vereinbarten Zeit an der Rezeption einfanden, wurde uns gesagt, wir seien die beiden einzigen Gäste, die sich angemeldet hätten, und – nun kommt es! – es sei doch bestimmt sehr langweilig für uns, so allein, nur in Begleitung des Fahrers, zu starten.

Wenn jemand dermaßen fürsorglich meine Interessen im Auge hat, dann werde ich, wie gesagt, sehr hellhörig. Ich weiß selbst ziemlich genau, was oder wer mich langweilt – jedenfalls weiß ich es ganz sicher besser als die charmante Hotelrezeptionistin, die meine Vorlieben gar nicht kennen konnte, die aber den Straßburg-Trip (aus Kostengründen, wie man annehmen darf) nur zu gern gecancelt hätte. Wir bestanden jedenfalls auf unserer Sightseeing-Tour, und – siehe da! – es fanden sich im allerletzten Augenblick doch noch vier weitere Gäste, die ebenfalls mit wollten, und es war gut, dass wir fremde »Fürsorglichkeit« so konsequent ignoriert hatten.

Wenn also jemand meint, er wisse sehr genau, was für Sie gut ist: Eine Portion gesundes[14] Misstrauen ist durchaus nicht verkehrt. Wir wollen aber auch nicht übertreiben! Unterstellen Sie beispielsweise nicht jedem Arzt, der Ihnen eine bestimmte Therapie vorschlägt, er habe nur sein eigenes Wohl, speziell das seiner Brieftasche, im Auge. Das kommt zwar leider gelegentlich vor, aber die Regel ist das auch nicht. Nicht immer schließen fremde Interessen und die Ihren einander aus. Hier den richtigen Riecher zu entwickeln, das heißt solche Situationen richtig einzuschätzen, gehört zu den etwas schwierigeren Aufgaben, die uns das Leben stellt.

Initiative	Ihre Reaktion
»Es ist doch sicher in Ihrem Interesse, dass ...«	»Ich kenne meine Interessen auch ganz gut (und wahrscheinlich besser als Sie)«. Den Halbsatz in Klammern bringen Sie am besten nur dann, wenn die Situation wirklich nach Konfrontation aussieht.

25. »Sie müssen sich das so vorstellen: ...«

Als ich ungefähr 12 Jahre alt war, bekam ich zum ersten Mal eine Ahnung davon, was Rhetorik leistet, aber auch, wie man mit ihrer Hilfe Menschen manipulieren, das heißt in die Falle locken kann.

Im Lateinunterricht lasen wir die Geschichte, wie der erste ernsthafte soziale Konflikt im alten Rom ausbrach, und wie er relativ schnell wieder friedlich, in diesem Fall allein mit Worten, beigelegt wurde.

Die niederen Volksschichten, die »Plebejer« genannt, waren es auf die Dauer leid, sich von denen schurigeln zu lassen, die die politische und wirtschaftliche Macht hatten, und verließen kurzerhand die Stadt. So geschehen 494 v. Chr., und nachzulesen bei dem römischen Schriftsteller Titus Livius in seinem Buch »Ab urbe condita« (= Geschichte der Stadt Rom seit ihrer Gründung). Die Senatoren, und mit ihnen die soziale Oberschicht, sahen ihre Felle wegschwimmen (irgendjemand musste ja die groben Arbeiten machen!). Sie mussten schnell reagieren und schickten einen der Ihren hinterher. Der sollte die aufgebrachte Volksmenge zur Raison und zur Rückkehr bewegen. Das tat er auch, und zwar auf eine Weise, die mich noch heute beeindruckt. Jener Menenius Agrippa, so sein Name, erzählte den weggelaufenen Plebejern, wie eines Tages der Magen im menschlichen Körper rebellierte, weil er sich von den übrigen Körperteilen schlecht behandelt fühlte. Denen tat ihr Verhalten nach einer Weile schrecklich leid, weil sie doch alle von ihm abhingen. Denn wenn er sie nicht mehr ernähren würde … Den Rest der Geschichte und das, was der Erzähler mit ihr bezweckte, werden Sie sich wahrscheinlich denken können. Von so viel Geistesstärke beeindruckt – und vor allem auch davon, dass sich erstmals jemand offenbar ernsthaft für sie und ihre Lage interessierte (oder wenigstens so tat) –, rollten sie ihre Schlafsäcke zusammen und trollten sich nach Hause. Hatten sie doch nun verstanden, dass sie unentbehrlicher Teil eines Ganzen waren, wie der Magen für den Körper. Was sie erst später begriffen: Ihre materielle Lage änderte sich überhaupt nicht. Im Prinzip jedenfalls nicht. Außerdem ist keiner von ihnen dem Abgesandten des römischen Patriziats auf die rhetorischen Schliche gekommen. Niemand hat jedenfalls diesem gegenüber trocken festgestellt, dass ein Volk, in diesem Fall also Herrscher und Beherrschte, aber auch nicht das Geringste mit dem menschlichen Körper zu tun haben.[15]

Fasziniert, wie gesagt, hat mich dieses Gleichnis schon damals, denn es erwies sich als sehr wirksam: Das unzufriedene Volk wurde nicht überzeugt, sondern überredet. Später lernte ich: Es handelte sich um eine *Analogie*. In unserem Beispiel heißt das: Die Körperteile und die Schichten der Gesellschaft haben, wie gesagt, nichts gemeinsam, aber es hat einen gewissen Reiz, sie miteinander zu vergleichen. Besonders wenn man die andere Seite glauben macht, sie hätten doch etwas gemeinsam. Deshalb werden Analogien zwar nicht immer, aber auch gar nicht so selten zum Zwecke der Überredung eingesetzt. Wenn also jemand bei Interessengegensätzen, in Verhandlungen oder sonstigen Auseinandersetzungen Vergleiche bemüht – das Wort »Analogie« wird er oder sie wahrscheinlich nicht in den Mund nehmen –, dann sollten Sie darauf achten, ob das, was da verglichen wird, wirklich vergleichbar ist. Nicht immer ist das der Fall. Mit *Überredung* meine ich übrigens dies: seinen Vorteil auf anderer Leute Kosten suchen. Man kann den Begriff auch anders verstehen, nämlich den anderen zu dessen Vorteil überreden, das gibt es auch. Ich verstehe es aber im Sinn dieser Definition, weil es in diesem Buch schließlich um Fallen geht, vor denen ich Sie gerne warnen und bewahren möchte. Ich weiß nicht, ob das mit der Analogie wirklich schon ganz klar war. Zur Sicherheit ein weiteres Beispiel: »Mir fällt … ein ehemaliger Professor ein, der seine Studenten eine anspruchsvolle Ethik lehrte. Sein eigenes Leben allerdings, und das wusste jeder, entsprach in keiner Weise dem Maßstab, den er in seinen Vorlesungen vertrat. Konfrontiert mit diesem Widerspruch, soll er geantwortet haben: »Habt Ihr schon mal einen Wegweiser gesehen, der den Weg geht, den er anzeigt?« Eine philosophische Antwort, die eine tiefe Kenntnis des Lebens zeigt – oder nur eine witzig formulierte Ausflucht?[16] Es klingt wahrscheinlich jetzt ziemlich humorlos: Ein Mensch ist ein Mensch und kein Ding. Es ist nicht dasselbe, ob mir ein Mensch oder ein Schild einen Weg zeigt. Anders gesagt: »Weg« ist nicht gleich »Weg«, und »weisen« nicht gleich »weisen«. Es handelt sich also auch hier um eine *Analogie*, die zu Überredungszwecken eingesetzt wird. Es soll nämlich die andere Seite dazu gebracht werden, von ihrer vermutlich nicht ganz unberechtigten Kritik abzulassen. Das Verhalten jenes »wegweisenden« Professors lässt sich übrigens mit zwei oft zitierten Verszeilen von Heinrich Heine trefflich kommentieren:

»Ich weiß, sie tranken heimlich Wein
und predigten öffentlich Wasser.«

26. »Gib ihm noch eine Chance!«

Das soll eine Falle sein? Nein, das *ist* keine Falle, aber es *kann eine sein*. Ich könnte mir denken, jetzt werde ich einigen Aufwand treiben müssen, um Sie davon zu überzeugen. Doch fangen wir von vorne an. Mir ist aufgefallen, dass in den TV-Vorabend-Serien wie z.B. »Verbotene Liebe« oder »Marienhof«, von denen ich mir einige Dutzend Folgen angesehen habe, die Aufforderung: »Gib ihm/ihr noch eine Chance!« ziemlich häufig vorkam. Was mag der Grund sein? Es ist typisch für Sendungen dieser Art, dass sie individualisierte Lebensläufe zeigen, die sehr zeittypisch sind. Damit ist gemeint, dass Menschen, zumal jüngere, immer weniger tun, was sie *sollen*, also was sozialer Konsens und Konformitätsdruck ihnen vorzuschreiben versuchen, sondern was sie *wollen*, durchaus auch gegen die Interessen anderer, sogar ihrer Freunde. Falls sich das etwas sauertöpfisch anhört: In neutralerer Ausdrucksweise könnte man auch von der *zunehmenden Unverbindlichkeit des sozialen Verhaltens* sprechen.[17] Wenn diese Diagnose aber zutreffend ist, dann kollidieren die Interessen der beteiligten Personen in jenen TV-Serien ganz heftig miteinander, und es sind ziemlich häufig ruinierte Vertrauensbeziehungen die Folge, in denen die eine Seite von der anderen dann nichts mehr wissen will. Hier hat die Aufforderung: »Gib ihm/ihr noch eine Chance!« ihren Ort. Sie klingt so ungeheuer vernünftig und sozialverträglich. Und das Wort *Chance* ist irgendwie etwas Gutes, es weckt positive Assoziationen, und es wirkt deshalb auch überredend. Es ist bei dieser Aufforderung allerdings nicht vorgesehen – und jetzt kommt die Falle! –, dass der Adressat sich die Frage stellt: »Wie viele Chancen hat eine(r) denn überhaupt verdient, wann ist Schluss mit den Chancen?« Es ist nämlich nicht vorgesehen in dieser Aufforderung, dass jemand seine Chancen ganz einfach nicht nutzen konnte, vielleicht auch gar nicht nutzen wollte. Wie viele Chancen sollen es in einem solchen Fall denn nun noch sein? 45 – 46 – 47? Zwischenmenschliche Beziehungen lassen sich, dies nebenbei, ein Stück weit in Begriffen des Wirtschaftslebens formulieren. Man kann nämlich nicht endlos neue Kredite geben, ohne dass die alten irgendwann einmal zurückgezahlt werden. *Kredit* kommt von lat. *credere*, und das bedeutet nun: »glauben« und »vertrauen«. In diesen Zusammenhang gehört ja auch die Redensart *seinen Kredit verspielen*. Was ich sagen möchte, fasste ein Strafrichter in New York gegenüber einem jugendlichen Delinquenten einmal so zusammen: »Junge, deine Chancen hast du gehabt, und jetzt bekommst du keine mehr!« (So nachzulesen am 16.10.1996 in der »New York Times«.) Natürlich geben Sie dem- oder derjenigen eine Chance, der/die Ihrer Meinung nach eine verdient hat. Aber was dabei zählt, ist Ihre Meinung zu der Frage, ob verdient oder eben nicht verdient.

Initiative	Ihre Reaktion
»Gib ihm/ihr noch eine Chance!«	»Er/sie hat alle Chancen gehabt, und jetzt ist Schluss damit.«

27. Sind Sie Wiederholungstäter?

»Hast du *wieder* die Schlüssel vergessen?!« Achten Sie auf das Wörtchen *wieder*! Erst diese verbale Unscheinbarkeit macht die Frage zum Vorwurf und damit zur Waffe. Jetzt gesteht Ihnen die andere Seite keine mildernden Umstände mehr zu, denn das Entlastungsprinzip »einmal ist keinmal« greift hier nicht: *Wieder* ist mehr als einmal. Wer wieder und immer wieder etwas macht, was er nicht sollte, oder unterlässt, was er sollte, der hat sich hartnäckig allen Besserungsversuchen widersetzt, und – jetzt kommt das Schlimmste! – von ihm ist auch in Zukunft nichts Gutes mehr zu erwarten. Es ist also das Bedürfnis, den anderen zum *Wiederholungstäter* zu machen – es verleiht jedem Vorwurf Bleigewichte –, das die Beliebtheit des Wortes *wieder* begründet. Dieses *wieder* ist der Strick, an dem der Übeltäter aufgehängt wird, wenn man ihn denn hängen will. Und wenn man dies will, dann darf es eben keine mildernden Umstände geben. Das heißt: Auch ein Ausrutscher, eine Lappalie begründet sogleich Serientäterschaft. Sie stellen sich zur Illustration am besten einen Feuerteufel vor, der schon fünf Scheunen abgefackelt hat. Das Wort *wieder* hat sozusagen noch einige Geschwister, nicht minder bekannt und nicht minder beliebt. Sie hören auf die Namen: *immer, alles, nie* und *nichts*. Die Beispiele kennen Sie sicherlich:

»*Alles*, was du anpackst, machst du falsch!«
»*Nie* hörst du mir zu!«
»*Immer* überlässt du *alles* mir!« (Beachten Sie bitte die Kombination von *alles* und *immer*!)
»Du bist zu *nichts* zu gebrauchen!«

Was macht die Beliebtheit dieser fünf »Geschwister« aus? Ein Vorwurf, garniert mit *wieder* & Co., macht sich einfach besser. Er hat richtig Biss. Er lässt keine positiven Ausnahmen zu. So, und nun sind Sie dran! Sie sitzen in der Falle, wenn Sie ernsthaft anfangen, den Sinn von *alles*, *nichts* etc. ernsthaft zu diskutieren. In dieser Partie sollte man nicht auf »Sieg« spielen. Außer Stress bringt das gar nichts. Hier ist eher *abreiten* oder *aussitzen* angezeigt. Und wenn die Situation es zulässt, sollten Sie um eine Präzisierung und Konkretisierung bitten. Ich bin bis jetzt davon ausgegangen, dass der Vorwurf mit *wieder* etc. unbegründet ist, das heißt dass er die Reaktion auf ein einmaliges »Vergehen« (mit oder ohne Anführungszeichen) war. Wenn Sie allerdings schon zum dritten Mal Ihre EC-Karte am Bancomat vergessen haben, und ein anderer hat hernach Ihr Konto bis auf den letzten Euro abgefischt, dann haben Sie ein ernsthaftes Problem. Wer Ihnen jetzt einen *wieder*-Vorwurf macht, hätte – leider – Recht. Gegen Vergesslichkeit kann man aber etwas tun!

28. »Kann ja mal vorkommen.«

Ähnlich wie beim *Wieder*-Vorwurf ist der Karren an die Wand gefahren, und das Kind liegt im Brunnen. Man kann praktisch nichts mehr tun. Ob und inwiefern es hier noch um eine Falle geht – doch lesen Sie vielleicht erst das folgende Beispiel: Mein Autoreisezug von Hamburg zu seinem Bestimmungsort, dessen Namen ich aus Gründen der Höflichkeit lieber für mich behalte (die Alpen waren nicht fern), erreichte an einem mittelprächtigen Julitag des Jahres 2000 in den Morgenstunden pünktlich sein Ziel. Die Wagen mit den Pkws und Motorrädern wurden auf ein Abstellgleis geschoben, und dort blieben sie auch, ohne dass sich etwas oder jemand rührte, um sie zu entladen. Die Deutsche Bahn war eigentlich gar nicht zuständig, denn der Verladeservice war just an diesem Zielbahnhof vor nicht allzu langer Zeit privatisiert worden. Aber, so hieß es auf unsere erstaunte Nachfrage, man wolle sich bemühen. Nach einiger Zeit betrat ein junger und dynamisch wirkender Unternehmer, der für das Abladen zuständig war, die Szenerie und sagte, die Bahn habe ihn falsch informiert (hinsichtlich der Ankunftszeit). Und nun weiter wörtlich: »Kann ja mal vorkommen.« Ende der Diskussion, zumindest von seiner Seite. »Kann ja mal vorkommen«, dahinter steckt das Entlastungsprinzip: »Einmal ist keinmal« und: »Niemand ist vollkommen.« Das Gegenteil von Serientäterschaft. Der Mann fühlte sich durch seinen flotten Spruch denn auch entlastet. Ich überlegte mir: Der Sommerfahrplan war schon seit einigen Wochen in Kraft. Wenn das mit der Fehlinformation wirklich stimmte, dann hätte dieser Flop nicht nur »mal vorgekommen« sein müssen, sondern schon eine ganze Reihe von Malen, oder das Ganze war nur eine billige Ausrede. Außerdem: So ein Autoreisezug ist nicht ganz billig, ich habe da bestimmte Erwartungen, was die Effizienz der Dienstleistungen angeht, für die man schließlich bezahlt hat. Nun bleibt immer noch die Frage: *Falle* – ja oder nein? Hätte ich dem guten Mann diese ziemlich lahme Ausrede – außerdem noch den versteckten Appell an mein Verständnis – so ohne weiteres abgenommen, dann hätte ich mit dem unguten Gefühl dagesessen, ich hätte meinen Ärger und meinen Frust nicht artikuliert, sondern runterschlucken müssen. Meinen Stolz hätte das auch etwas angekratzt. Ich sagte also: »Bei Ihnen kommt das wohl öfter vor.« Wenn Sie mehr Humor haben als ich in der Situation – das Warten ohne klare Perspektive, wann es denn weiter geht, kann einen auch ziemlich nerven –, dann schlucken Sie es einfach runter.

Initiative	Ihre Reaktion
»Kann ja mal vorkommen.«	»Bei Ihnen kommt das wohl öfter vor.«

Die Überschrift dieses und des übernächsten Kapitels haben ein Wort gemeinsam. Finden Sie es? Es ist wichtig![18]

29. »Ich wollte doch nur das Beste!«

Was meinen Sie, wann und weshalb viele Menschen so häufig von ihren guten Absichten reden? Richtig! Genau dann, wenn die Sache selbst den Bach runter gegangen ist. Wo da die Falle lauert, das werden wir noch merken. Interessanterweise ist es eine Falle, die jemand aufstellt, der selbst mit dem Rücken zur Wand steht. Ich kann mir denken, es kommt Ihnen vielleicht etwas kaltherzig vor, wenn ich so schlecht von jemandem spreche, der doch sooo gute Absichten hat. Zumindest wirkt er oder sie so unangreifbar mit seinen/ihren lauteren Absichten. Denn, nicht wahr, es gibt doch eine soziale Übereinkunft, die da lautet: Eine gute Absicht kritisiert man nicht. Vielleicht mache ich mich noch unmöglicher, wenn ich behaupte: Gute Absichten zu haben, das kann jede(r) von sich behaupten. Beweisen muss er/sie gar nichts. Beweisen Sie ihr/ihm mal das Gegenteil! Das wird schwierig. Wir können schließlich in niemandes Kopf hinein schauen. Vielleicht ist das auch ganz gut so, denn andere könnten sonst mit uns dasselbe machen. Und die Falle? Die kommt jetzt: Es müsste eigentlich über Resultate geredet werden, über das, was konkret schief gelaufen ist. Verständlich, dass eine solche Wendung der Dinge für die Verantwortlichen bedrohliche Perspektiven eröffnet. Deshalb der Hakenschlag von den Tatsachen zu den Absichten. Und es kann einem dann nicht mehr sehr viel passieren – siehe oben. Sie sitzen in der

Falle, wenn Sie das Thema »gute Absichten« so akzeptieren, wie es Ihnen angeboten wird. Wie Sie reagieren können, dazu jetzt einige Vorschläge.[19]

Initiative	Ihre Reaktion
»Ich wollte doch nur das Beste!«	»Das Beste war leider nicht gut genug.«
	»Das Beste gewollt, aber nicht gekonnt.«
»Ich habe es doch nur gut gemeint.«	»Gut gemeint, aber schlecht gemacht.«
	»Gut gemeint ist das Gegenteil von gut.«

Alle vier Reaktionen können verletzend wirken und sind wirklich nur dann zu empfehlen, wenn Sie dies ernsthaft wollen und ohne Gefahr tun können. Nehmen Sie überhaupt den »schweren Hammer« dann und nur dann zur Hand, wenn die andere Seite ihn auch wirklich verdient hat und, wie gesagt, wenn die Ihnen nicht schaden kann. Außerdem noch dies: Es gibt Menschen, die über ehrlich empfundene gute Absichten nur selten hinaus kommen. Die leiden auch darunter und würden es gerne besser machen. Man sollte nicht noch Salz in deren Wunden streuen. In solchen Fällen lautet die Devise ganz einfach: »Schwamm drüber!«

30. »Man gönnt sich ja sonst nichts.«

Das Folgende wird Ihnen vielleicht etwas dröge vorkommen, wie man im Norddeutschen sagt. Ich kann es leider nicht ändern, die Sache verlangt es, aber ich bemühe mich um Kürze. Versprochen! Der Werbespruch mit dem unvergesslichen Günther Strack (»Man gönnt sich ja sonst nichts!«) verweist auf eine Erfahrungstatsache, über die weitgehender Konsens besteht. Etwas ist bekannt, und es ist unbestritten, nämlich dass man sich *ja* sonst nichts gönnt. Und wie kommt dieser Hinweis zustande? Ganz einfach: durch das Zwei-Buchstaben-Wort *ja*. *Ja* – mitten in den Satz gestellt, wohlgemerkt! – sorgt dafür, dass etwas bekannt und Konsens zugleich ist. Vielleicht noch ein paar Beispiele zur Illustration:

»Sie wissen *ja*, wie das ist.«
»Ich konnte *ja* damals nicht anders.«
»In den 70er Jahren hatte man *ja* allenfalls eine elektrische Schreibmaschine, aber keinen PC.«

Es macht also einen beträchtlichen Unterschied, ob ich sage: »Ich habe drei Jahre in Athen gelebt.« (neue Information), oder: »Ich habe *ja* drei Jahre in Athen gelebt.« (bekannte Information). Ich habe einige Seiten weiter oben gesagt, dass sich im Bereich von Sprache und Kommunikation fast alles missbrauchen lässt. Unser *ja*, die sprachliche Winzigkeit, die man nur zu leicht übersieht, macht da keine Ausnahme. Ich kann also etwas als bekannte Tatsache ausgeben, über die angeblich Konsens besteht, und in Wirklichkeit handelt es sich um eine bloße Behauptung von mir und nichts weiter.

31. »Meinst du das nicht auch?«

Schon wieder so eine Frage ... Aber Sie sehen: Es hört nicht auf mit den Fragen, die zugleich Fallen sind. Auch hier zu Beginn drei oder vier Sätze sprachwissenschaftlicher Erläuterungen, wir verstehen dann ganz einfach besser, worum es geht. Wenn ich etwa sage: »Meinst du das auch?«, ist diese Frage absolut neutral. Sie lässt der anderen Seite die Möglichkeit, mit *ja* oder *nein* zu antworten. Sie ist eigentlich relativ harmlos.

Was man von dem Wort *nicht* in einer solchen Frage nun gar nicht mehr sagen kann. Jetzt haben wir es nämlich mit einer so genannten *Tendenzfrage* zu tun. Die klingt schon weniger harmlos, und genau so verhält es sich auch, denn Besagtes *nicht* signalisiert mir eine Erwartung, die ich erfüllen, aber auch verfehlen kann: Ich soll der Meinung desjenigen sein, der mich dieses fragt. Und wenn ich dieser Meinung nicht bin, dann gibt es wahrscheinlich Ärger, welcher Art auch immer, zumindest aber eine leichte Verstimmung. In jedem Fall wird mein Aktions- und Reaktionsspielraum durch eine solche Erwartung ziemlich eingeengt, und das, so haben wir schon mehrfach gesehen, macht einfach keinen Spaß (Stichwort: Bedrohung des »negativen Gesichts«, siehe oben). Ich soll, so die Erwartung, mich nicht nur zu der Frage selbst verhalten – das soll ich bei Fragen immer –, sondern in diesem Fall auch zu der Erwartung, die dahinter steckt.

Nicht nur einmal – im Verlauf einer Unterhaltung kann so etwas 50–100mal passieren. Kein Wunder, wenn man sich da unbehaglich fühlt. Welche Absichten sich auf der Seite des »Absenders« hinter allem verbergen, das muss uns dabei nicht weiter interessieren, das mit der Einengung funktioniert in jedem Fall so wie beschrieben. Um eine Falle handelt es sich deshalb, weil ich gar nicht so recht weiß, woran ich dieses diffuse Gefühl von Unbehaglichkeit genau festmachen soll. (Bei dem zuvor beschriebenen *ja* war dies übrigens ganz genau so.) Wenn ich allerdings weiß: jenes *nicht* ist sein Aufhänger, dann kann ich gegebenenfalls antworten: »Ich respektiere deine Ansichten, aber ich habe andere/aber ich teile sie nicht, auch wenn du es gerne so hättest.«

Mit dem Wort *etwa* (an gleicher Stelle im Satz platziert wie *nicht*) verhält es sich genau umgekehrt: »Bist du *etwa* auch dieser Meinung?« Ich denke, weitere Analysen und Kommentare sind hier überflüssig. Aber ob nun *etwa* oder *nicht*: Wenn Sie sich klar gemacht haben, in welche Ecke Sie da jemand drängen will – vielleicht sogar nur deshalb, weil er/sie so furchtbar zustimmungsbedürftig ist –, können Sie auch leichter auf solche Versuche reagieren. Oder: Sie sind sowieso einer Meinung mit der/dem Fragenden, und dann haben Sie auch kein Problem. Das wäre dann auch keine Falle.

Initiative	Ihre Reaktion
»Meinst du das nicht auch?«	»Tut mir leid, wenn wir nicht einer Meinung sind, aber ich meine das nicht.«
»Meinst du das etwa auch?«	[gleiche Reaktion]

32. »Dann kannst du was erleben!«

Vielleicht spüren Sie un- oder halbbewusst einen Impuls, in Deckung zu gehen oder wegzulaufen, wenn Ihnen dies gesagt wird. Ganz naiv könnte man nun fragen: Was genau befürchten Sie denn jetzt? Denn irgendwie bedrohlich klingen nur die Wörter »was« und »erleben«. Und dennoch – es *ist* eine Drohung, allerdings eine von der unbestimmten Sorte, deshalb habe ich ja auch eben das Wort »irgendwie« benutzt. Es hat niemand gesagt: »Wenn du/Sie dies oder jenes tust/tun (oder lässt/lassen), dann werfe ich Sie raus/verlasse ich dich (das ist ja auch eine Art fristlose Kündigung), schlage ich dir/Ihnen den Schädel ein!« Wenn das nämlich der Fall gewesen wäre, hätten wir uns drei Fragen stellen können:

a) Macht er/sie das wirklich, was er/sie mir androht? (Oder bellt der Hund nur, beißt aber gar nicht.)

Und falls ja:

b) Mache oder unterlasse ich das trotzdem, was ich (nicht) will?
c) Wie schlimm ist das, was mir da angedroht wird?

Wenn wir diese drei Fragen für uns beantwortet haben, können wir unser Risiko leichter kalkulieren. Das ist – bei aller Unerfreulichkeit der Situation – der Vorteil einer bestimmten Drohung, also der Drohung, bei der uns gesagt wird, worauf wir uns einstellen sollen oder können. Und dieser Vorteil für uns ist von der anderen Seite nun überhaupt nicht eingeplant. Unbestimmte Drohungen sind da von einem ganz anderen Kaliber. Wir sollen – so das Kalkül der anderen Seite – unser Risiko gerade nicht kalkulieren können! Damit wir uns nicht einigermaßen selbstständig entscheiden können, was wir tun bzw. lassen, und eben darin liegt die *einschüchternde Wirkung einer unbestimmten Drohung*: Es kann ja offenbar alles Mögliche passieren, bis hin zum Allerschlimmsten, was immer das ist – wenn wir nicht nachfragen, was genau passieren kann, das heißt was die andere Seite sich denn konkret gedacht hat. Wenn wir ganz konkret nachfragen, was der/die Partner(in) im Hinterkopf hat: »Was soll ich denn genau erleben?«, dann zeigen wir, dass wir uns nicht einschüchtern lassen.

Auch hier ist eine Warnung am Platz: Für Desperado-Aktivitäten sind solche Situationen nicht geeignet! Reservieren Sie eine solche Reaktion bitte für Partner, die Ihnen halbwegs gleichrangig sind, also bitte nicht für Ihren Chef, der Ihnen im Gegenzug wahrscheinlich sagen würde, wo ganz konkret Sie sich Ihre Papiere abholen können. Ich sage so etwas lieber einmal zuviel als zuwenig. Sie verstehen schon, warum.

Erinnern Sie sich noch an das Kaninchen und die Schlange? Wenn wir eine unbestimmte Drohung in eine bestimmte verwandeln, dann sind wir alles andere als das eingeschüchterte Kaninchen. Oder: Die Schlange hat sich in einen bellenden Kettenhund verwandelt. Falls Sie selber unbestimmte Drohungen verwenden: Das ist ein Mittel, das sich schnell abnutzt, und dann riskieren Sie, dass man Sie nicht mehr so recht ernst nimmt. Generell sollte man mit Drohungen – auch mit bestimmten – sparsam umgehen. Überlegen Sie vielleicht einmal, ob Sie das nicht einfach ausführen, was Sie sowieso tun oder lassen wollten, ohne lange zu drohen. Was mir vorschwebt, lässt sich sehr schön mit einem Satz aus dem Film »Jules und Jim« von Fr. Truffaut wiedergeben: »Catherine enthüllte ihre Ziele immer erst dann, wenn sie erreicht waren.« Mit dieser sehr intelligenten Lebensstrategie erspart man sich alle Drohungen, bestimmte und unbestimmte. Ein Nebeneffekt ist der: Man lässt sich seine Ziele von anderen Menschen nicht zerreden, wenn diese sie gar nicht kennen. Eine verschärfte Form der unbestimmten Drohung ist die *unbestimmte Anschuldigung*. Sie ist um Einiges gefährlicher, denn hier bellen die Hunde nicht nur, sie beißen auch.

Es soll Chefs geben, die das Führungsprinzip »management by terror« etwas zu wörtlich nehmen. Die ihnen Untergebenen sollen möglichst in beständiger Furcht leben, gleich werde das Beil auf sie hernieder sausen. Von einem Gymnasialdirektor irgendwo in Deutschland – diese Geschichte ist schon etwas her – las ich, dass er gelegentlich jüngere Lehrkräfte in sein Dienstzimmer beordern ließ und ihnen dann eröffnete, es liege etwas gegen sie vor, und er habe ihnen eine Rüge zu erteilen. Welches Vergehens sie sich schuldig gemacht haben sollten, dazu sagte er zunächst nichts. Nachdem er sich an den Qualen seines Opfers geweidet hatte, wurde er noch immer nicht konkret, sondern fragte stattdessen: »Was könnte ich wohl meinen?« Wer jetzt sehr unvorsichtig und ein bisschen lebensunerfahren war, bezichtigte sich kleinerer und ganz kleiner Vergehen oder Unterlassungen, hinter die die Schnüffelsucht des Chefs noch gar nicht gekommen war. Statt diesen zu bitten – wer trägt denn hier schließlich die Beweislast und hat die Bringschuld? –, nun endlich deutlich zu werden. Als ich diese Geschichte einmal in einem Seminar behandelte, meldete sich eine Studentin und meinte: »Also, ich hätte dem Mann geantwortet: ›Im Suchen von Ostereiern war ich noch nie gut.‹« Dem ist nichts hinzuzufügen.

Vielleicht wundert es Sie, dass ich Ihnen einen solchen Rat gebe, denn bislang habe ich immer empfohlen, sich etwas Zurückhaltung aufzuerlegen, wenn es um Konflikte mit Chefs und sonstigen Autoritätspersonen geht, die einem schaden können. Besagter Schuldirektor allerdings verletzte gängige Kooperationsverpflichtungen in einem solchen Maß, dass es schon ein Akt des Selbstschutzes gewesen wäre, sich auf eine solche Strategie nicht einzulassen. Abgesehen davon: Unbestimmte Beschuldigungen gibt es in der Literatur, z. B. in Kafkas Roman »Der Prozess«, aber nicht in unserem Rechtssystem.

Initiative	Ihre Reaktion
»Dann kannst du was erleben!«	»Bitte was soll ich erleben?«
	»Was machst du denn, wenn ich das (und das) doch/nicht mache?«

33. »So macht man das nicht!«

Ich kenne Leute, die reagieren allergisch auf dieses banale Wörtchen *man*. Wieso eigentlich? Von der Grammatik her betrachtet, handelt es sich bei dem Satz in der Kapitelüberschrift um nichts weiter als eine Feststellung, ebenso wie: »Es regnet seit gestern.« Oder: »Die Vorstellung ist ausverkauft.« Dennoch gibt es einen Unterschied, und der liegt in der Bedeutung des Satzes. Denn die Feststellung: »So macht *man* das nicht« verweist auf ein soziales Standardverhalten und meint ja, dass die Mehrheit der Menschen eine bestimmte Sache in einer bestimmten Weise macht. Daraus ergibt sich aber für mich: Ich soll auch – vielleicht will ich aber gar nicht. Und daher rührt bei manchen Menschen, wie gesagt, die allergische Reaktion, sehen sie doch hierin einen Eingriff in ihre persönliche Freiheit. Viele Sätze mit *man* sind aber völlig harmlos, so wie etwa dieser: »In den meisten Ländern Europas fährt *man* rechts und überholt links« oder »Das Messer nimmt *man* in die rechte Hand und die Gabel in die linke« (so würde ich mich ausdrücken, wenn ich einem Ostasiaten europäische Tischmanieren erklären müsste). Als Kommentar zu diesen beiden Beispielen könnte ich etwa sagen: »Es ist wirklich so wie beschrieben, und du bekommst am wenigsten Probleme, wenn du dich an diesen Gepflogenheiten orientierst.« So weit, so bekannt und auch ein bisschen langweilig, wie ich ohne Schwierigkeiten bekenne, aber wir brauchen die Erörterung des Normalfalls für die Fälle, die interessanter sind.

Der ohnehin etwas zweifelhafte Gedanke, dass das richtig ist, was alle Menschen (oder doch die Mehrheit von ihnen) so und so machen, lässt sich nämlich auch, wie wir zuvor schon mehrfach sehen konnten, missbrauchen. Oder formulieren wir es etwas zurückhaltender: Er lässt sich privatisieren. Er lässt sich in den Dienst meiner sehr persönlichen Motive nehmen, und das Wort *man* erfährt dann eine wundersame Verwandlung zu *ich*! Ich gebe das, was ich und nur ich will, als sozialen Konsens aus und will, dass mein Gegenüber genau das tut, was ich will. Das ist Manipulation, und nichts anderes, aber eine von der sehr gängigen Sorte, denn die meisten Menschen haben das Bedürfnis, ihr Verhalten als »richtig«, das heißt als allgemein akzeptiert anzusehen. Jetzt brauchen wir noch einmal den Satz aus der Überschrift: »So macht man das nicht.« Nehmen wir an, ich hätte ein Problem am Arbeitsplatz und hätte dieses Problem in einer bestimmten Weise gelöst, etwa dadurch, dass ich mit einem Kollegen ein paar sehr deutliche Worte gewechselt habe. Mein Gegenüber ist völlig anderer Meinung und sagt nur: »So macht *man* das nicht.« Wenn ich mit meinem Verhalten jetzt nicht gerade völlig daneben gelegen habe, dann kann ich diese Äußerung auch so verstehen: »*Ich* hätte das ganz anders gemacht.« Kann er ja auch. Natürlich hat das aber nicht dieselbe durchschlagende Wirkung wie: »So macht *man* das nicht.« Zunächst jedoch meine Reaktion: »Bitte, wer ist *man*?« Hier also tut mein Gegenüber so, als sei seine persönliche Ansicht, die er/sie ja gerne haben kann, eine allgemein akzeptierte Meinung. Ohne das Wort *man* würde seine Strategie ins Leere laufen. Auch wenn es vielleicht überflüssig erscheint: Die Falle besteht darin, dass Sie diese Strategie nicht durchschauen und sich von der Fiktion einer sozialen Mehrheitsmeinung einschüchtern lassen, die es so gar nicht gibt. Übrigens noch eines: Leute, die einem gerne etwas verkaufen würden, sagen oft so etwas Ähnliches wie: »In dieser Saison trägt *man* ...« Egal was, aber *man* trägt es. Und dahinter steckt die subtile Drohung: Wenn ich mich nicht auch sozial konform verhalte, dann isoliere ich mich – mit all den bekannten Nachteilen, die so ein Verhalten mit sich bringt, etwa dem Verlust von Sympathie und Loyalität. Sie merken: Auch hier droht wieder eine Einschränkung Ihres Freiheitsspielraumes.

Und schließlich: Ein ganz anderer Fall liegt vor, wenn Menschen aus Schüchternheit *man* sagen und *ich* meinen: »*Man* hatte ja nie Zeit für sich selbst.« Das ist für die Betreffenden wahrscheinlich ein Problem, aber eine Falle nun ganz bestimmt nicht.

Initiative	Ihre Reaktion
»So macht man das (nicht).«	»Bitte, wer ist *man*? Bist du das vielleicht?«

102

34. »Wir alle wollen das, nur du nicht!«

Im Kapitel zuvor ging es um Mehrheiten, die einem Individuum ein sozial konformes Verhalten nahelegen oder gar vorschreiben wollen. Es geht zwar um Mehrheiten, aber so richtig deutlich wird das mit dem Wort *man* nicht gesagt. Denn *man* ist eine Singularform, und manchmal ist ja auch nur eine Person damit gemeint, dann nämlich, wenn jemand seine privaten Ansichten als Mehrheitsmeinung verkaufen möchte. Keine Unklarheiten gibt es jedoch bei *wir alle*. Das ist und bleibt der Plural, der gegen ein Individuum (*du*) ausgespielt wird, das nicht so will, wie es soll. Jetzt ist es ganz offensichtlich: Die Mehrheit droht dem/der Einzelnen mit sozialer Isolierung. Keine ganz leichte Aufgabe, mit dieser Drohung halbwegs intelligent umzugehen! Vielleicht wird diese Aufgabe aber doch etwas leichter, wenn man sich das Problem etwas genauer ansieht. Es hat nämlich zwei Teile:

a) Was die Mehrheit will, das setzt sie gegen die Minderheit auch durch. Unsere parlamentarische Demokratie funktioniert ja auch nach diesem Prinzip.
b) Dem Einzelnen gegenüber behauptet die Mehrheit gerne, ihr Wille, ihre Ansichten und ihre Entscheidungen seien »richtig«, eben weil sie die Mehrheit ist.

Punkt a) ist unproblematisch, das Problem fängt bei b) an. Dem Individuum, das eine abweichende Meinung vertritt, wird oft entgegen gehalten, es könne nicht gegenüber der Mehrheit im Recht sein. Doch für diese Auffassung spricht nun grundsätzlich überhaupt nichts. Weisheit und kluge Entscheidungen sind keine Frage der Quantität (Mehrheiten), sondern der Qualität (nämlich der Argumente). Eine Mehrheit hat dann und nur dann Recht, wenn sie einem Einzelnen gegenüber die besseren Argumente hat, nicht jedoch nur deshalb, weil sie die Mehrheit ist. »Wir sind im Recht, weil wir die Mehrheit sind.« Dieser Satz ist ganz einfach falsch! Wer sich eine solche Ansicht aufreden lässt, der sitzt nun wirklich in der Falle. Im Extremfall kann eine Mehrheit auch beschließen, in ihr eigenes Verderben zu rennen wie die sprichwörtlichen Lemminge, aber von Weisheit getragen ist eine solche Entscheidung wohl kaum. Kurz gesagt: Was die Mehrheit will, das wird gemacht. Es kann richtig sein, aber es muss nicht richtig sein.

Initiative	Ihre Reaktion
»Wir alle wollen das, nur du nicht!«	»Ihr seid nicht schon deshalb im Recht, weil Ihr die Mehrheit seid!«

35. »Antworten Sie mit *ja* oder *nein*!«

Dass man in die Falle gelockt werden kann, wenn man nicht aufpasst, ist eigentlich ja nichts Neues. Das wussten Sie, bevor Sie dieses Buch zur Hand genommen haben. Vielleicht kennen Sie auch die folgende Scherzfrage, die gelegentlich in geselligen (Männer-) Runden herumgereicht wird, um jemandes Schlagfertigkeit zu testen: »Ist es wahr, dass Sie Ihre Frau nicht mehr prügeln? Antworten Sie mit *ja* oder *nein*!« Zunächst eine »Gebrauchsanweisung«, wie man schnurstracks in die Falle geht:

– Man antwortet also voller Entsetzen über eine Unterstellung dieses Kalibers mit *nein*. Dann wird die Reaktion so ausfallen: »Dann prügeln Sie sie also immer noch!«
– Wer mit *ja* antwortet, dem ergeht es nicht viel besser. Denn ihm wird entgegen gehalten: »Dann haben Sie sie also geprügelt!«

Meistens wird dem »Opfer«, also demjenigen, der in der Falle gelandet ist, die Belehrung zuteil: Er hätte die Unterstellung, die in der Frage enthalten ist, nämlich er prügele seine Frau immer noch oder habe sie geprügelt, gleich zurückweisen und sagen müssen: »Ich habe meine Frau noch nie geprügelt.« Leichter gesagt als getan, ist doch nicht jede(r) bei solchen »Überfallfragen« immer auf der Höhe der eigenen mentalen Präsenz. Trotzdem: Die Antwort »Ich habe meine Frau noch nie geprügelt« ist insofern die richtige, als sie den extrem engen Rahmen, den die andere Seite einem vorzugeben versucht (»Antworten Sie mit *ja* oder *nein*!«), überschreitet oder ganz einfach ignoriert. Und genau das ist die Lösung! Die ist aber erheblich einfacher zu haben. Sie ersparen sich die etwas umständliche logische Analyse der Fangfrage – die Sie ganz sicher auf besagte falsche Unterstellung (jemand prügelt seine Frau) führen würde –, indem Sie sich auf den engen *Ja-nein*-Rahmen konzentrieren. Denn dieser *Ja-nein*-Rahmen tritt ja nicht nur in dieser einen Scherzfrage auf, sondern auch dann, wenn es um todernste Dinge geht. Und nun ist es auch an der Zeit, humorlos zu reagieren, wenn die Lage es erfordert. Die Lage aber erfordert es deshalb, weil Ihr kommunikativer Spielraum extrem eingeengt wird: nur zwei Optionen (*ja* oder *nein*) statt unbegrenzt vieler.

Vielleicht erinnern Sie sich noch an die grundsätzliche Forderung, die wir an andere Menschen haben: Bringe mich bitte nicht in Zwangslagen, schränke meinen Handlungsspielraum nicht ein! Also: Wie kommt überhaupt jemand dazu, Ihnen zu sagen, wie Sie zu antworten haben? Immer unterstellt, die andere Seite ist nicht Ihr Chef, ein Richter etc. Sie haben bei sehr vielen Dingen des täglichen Lebens Gestaltungsfreiheit, und so ganz sicher auch bei der Art, wie Sie antworten. Eine Möglichkeit der Reaktion ist paradoxerweise die Nicht-Reaktion, also die Verweigerung der Antwort. Das finden Sie unhöflich? Richtig! Das ist es auch.

Aber wieviel Höflichkeit von Ihrer Seite hat derjenige zu erwarten, der Ihren Handlungsspielraum dermaßen einengt? Eine gewisse Sprödigkeit wie in den folgenden Antwortbeispielen darf in einem solchen Fall schon sein.

Initiative	Ihre Reaktion
»Antworten Sie mit *ja* oder *nein*!«	»Wie komme ich dazu?« »Ich antworte, wie ich will.« »Auf die Art von Frage reagiere ich überhaupt nicht.«

36. »War doch nur ein Scherz!«

Schon die Römer wussten: De gustibus non est disputandum. Zu Deutsch: Über Geschmacksfragen zu streiten, ist unergiebig. Über Humor aber auch. Dass die Geschmäcker verschieden sind, ist abgehakt, ist allgemeiner Konsens, aber dass sein Humor nicht mein Humor ist und meiner nicht seiner, das geht sehr viel schwerer in die Köpfe hinein. So fanden es beispielsweise nach den Milzbrandanschlägen in den Vereinigten Staaten auch hierzulande einige Personen äußerst komisch, Briefe mit weißem Pulver zu versenden. Als man ihnen auf die Schliche kam, war ihre Reaktion die Überschrift dieses Kapitels.

Weniger drastische Beispiele gibt es im Alltagsleben in Hülle und Fülle. Schüler, die einem wenig beliebten Lehrer zu nächtlicher Stunde telefonisch sein baldiges Ableben ankündigen, sind sicher der Meinung, ihr Scherz habe voll ins Schwarze getroffen, ebenso wie fast jede Art von Mobbing »eigentlich doch nur als Scherz gemeint war«. Das mit dem Scherz ist allerdings oft ein bisschen mehr als nur eine dumme Ausrede. Sie versucht nämlich, das Opfer ins soziale Abseits zu stellen. Ist er doch jemand, der »sich anstellt«, also jemand, der nicht mal einen (natürlich harmlosen) Spaß vertragen kann. Auch hier gilt wieder: Wer den »Scherz« gar nicht so scherzhaft findet, sich aber nicht wehrt, der macht etwas falsch. Mögliche Reaktionen folgen unmittelbar.

Initiative	Ihre Reaktion
»War doch nur ein Scherz.«	»Fandest du den besonders gelungen?«
»Sollte doch nur ein Scherz sein.«	»Der wäre dir auch fast gelungen.«

Eigene Fallen

Vielleicht kennen Sie den Ausdruck: »Er/sie redet sich um Kopf und Kragen.« Niemand hat ihn oder sie gebeten, noch gar dazu gezwungen. Oder: Man macht einen Witz, der einer sein soll, aber keiner ist, und die anderen schauen einander nur noch betreten an. Es geht in den folgenden Kapiteln ganz allgemein darum, dass es nicht immer leicht ist, die Folgen des eigenen Tuns richtig zu kalkulieren und die Wirkung der eigenen Person auf andere realistisch einzuschätzen. Viele von uns haben damit mehr oder minder häufig Probleme, und manchmal ist es auch die Tagesform, die uns Dinge sagen lässt, die wir am nächsten Tag ganz bestimmt nicht gesagt hätten. Im ersten Teil also mussten oder sollten wir reagieren, weil andere uns unter Zugzwang setzen. In diesem Teil des Buches agieren wir – und hätten es besser nicht getan!

1. Der Müller, sein Sohn und der Esel

Wie zu so vielen Dingen im Leben, gehören auch zu einer Falle mindestens zwei: Einer, der sie aufstellt, und ein anderer, der hinein stolpert. Das Opfer bringt ziemlich oft bestimmte Voraussetzungen dafür mit. Zwei ganz wichtige davon sind:

a) eine gewisse Desorientiertheit (man weiß nicht so richtig, was man eigentlich will), und – sehr wichtig! –

b) die Verbindlichkeit dessen, was andere zu uns sagen und von uns wollen, wird sehr hoch angesetzt.

Zur Illustration ausnahmsweise einmal ein heiteres Beispiel. Es stammt aus den Fabeln von Jean de la Fontaine (1621–1695) und heißt: »Der Müller, sein Sohn und der Esel«. Diese drei sind auf einer viel befahrenen und begangenen Straße unterwegs. Es kommen ihnen Leute entgegen, die sagen, es könne doch jemand auf des Esels Rücken sitzen. Sogleich setzt sich der Müller auf den Esel, und sie ziehen weiter. Es begegnen ihnen wieder welche, die diesmal Anstoß daran nehmen, dass ein so kräftiger Mann einen so zarten Jungen zu Fuß gehen lässt und es sich selbst bequem macht. Vater und Sohn wechseln die Positionen, aber ihr Seelenfrieden währt nicht lange, weil wiederum einige die Tatsache bekritteln, dass der Sohn sitzt und der Vater läuft. Schließlich binden sie dem Esel die Füße zusammen und tragen das Tier an einer

Stange auf dem Rücken. Die orthodoxe Interpretation der Fabel läuft wohl eher darauf hinaus: »Wie man es macht, so macht man es falsch.« Oder: »Tu, was du willst, die Leute reden doch.« Ich meine: Der Vater (siehe oben) hat keine besonders klaren Orientierungen und räumt der Ansicht völlig fremder Menschen eine zu hohe Verbindlichkeit ein.

Die entgegen kommenden Reisenden waren übrigens keine »Fallensteller«, wie wir sie im ersten Teil kennen gelernt haben. Aus dem Verlauf der Fabel ist nicht ersichtlich, dass ihre Kommentare von sehr hohen Erwartungen begleitet wären, der Müller möge sich doch bitteschön in ihrem Sinne verhalten. Sie gaben vielmehr ihre Kommentare einfach so ab, und zogen ihres Weges. Das Problem liegt wirklich einzig und allein beim Müller selber, der sich gern sozial angepasst verhalten möchte, aber andere Bedürfnisse über diesem Bestreben vergisst. Was meinen Sie wohl, warum der Dichter ihn mit einem Esel und nicht mit einem Pferd unterwegs sein lässt?

2. Schaden und Schadensbegrenzung

Es gibt geglückte Schadensbegrenzungen – sie sind nicht unser Thema – und das Gegenteil davon. Das Gegenteil ist die versuchte Schadensbegrenzung. Sie geht in den allermeisten Fällen schief und macht alles nur noch schlimmer, der Schaden wird jetzt erst so richtig groß. Hätte man stattdessen gar nichts getan, alles wäre wahrscheinlich halb so schlimm geworden.

Vier Männer fahren auf regennasser Landstraße durch die Gegend und unterhalten sich munter miteinander. Als irgendwann der Fahrer über einen Witz seines Nebenmannes lachen muss, fällt ihm seine halb zu Ende gerauchte Zigarette zu Boden und

- droht den Teppichboden zu versengen (*der Schaden*).
- Der Fahrer beugt sich hinunter, um die Zigarette aufzuheben (*versuchte Schadensbegrenzung*),
- verliert die Orientierung und die Kontrolle über den Wagen.
- Ein schlimmer Unfall (alle vier landen im Krankenhaus) ist die Folge (*Katastrophe*).

Die Alternative: ein Brandloch im Teppichboden des Wagens, wenn dessen Fahrer gar nichts getan hätte. Dieses Beispiel hat mit Kommunikation nur um die Ecke etwas zu tun (vier Männer reden miteinander), aber es zeigt in all seiner Drastik eines sehr deutlich: Diejenigen Fallen, von denen im zweiten Teil dieses

Buches die Rede sein soll, sind selbst gebaut. Man läuft sich gewissermaßen selbst in die Falle. Ihr Charakter als Falle rührt daher, dass jemand nicht um die nächste Ecke denkt und die Folgen des eigenen Tuns nicht oder nicht hinreichend kalkuliert.

Schon sehr viel mehr mit Kommunikation hat der Fall des ehemaligen Ministerpräsidenten von Baden-Württemberg, Hans Filbinger, zu tun. Als studierter Jurist hatte er im Zweiten Weltkrieg den Vorsitz in einem Schnellgericht, dessen Aufgabe es war, in Norwegen Deserteure abzuurteilen. Auf sein Konto ging u. a. ein Todesurteil für einen jungen deutschen Soldaten, das auch sofort vollstreckt wurde. Der Schriftsteller Hans Hochhuth deckte diesen Fall auf. Die Öffentlichkeit wartete nun gespannt, wie Filbinger sich selbst und sein Verhalten erklären würde.

Der Politiker wusste, dass seine politische Zukunft auf dem Spiel stand, und ebenso, dass er den bereits eingetretenen schweren Image-Schaden in irgendeiner Weise würde begrenzen müssen. Vielleicht erinnern Sie sich noch, was er damals sagte: Was damals Recht gewesen sei, könne heute nicht Unrecht sein. Das war eine Ungeheuerlichkeit, auf die man mit Entsetzen reagierte.

Die versuchte Schadensbegrenzung war auch in diesem Fall schlimmer als der Schaden selber, denn die als »Befreiungsschlag« gedachte Erklärung offenbarte ein Rechtsverständnis, das den Ministerpräsidenten für sein Amt komplett disqualifizierte. Der Mann war in seine eigene Falle gelaufen und musste zurücktreten. Um auch hier das Schadensbegrenzungs-Schema des ersten Beispiels anzuwenden:

- das Todesurteil wird aufgedeckt (*der Schaden*),
- die Erklärung von Filbinger dazu (*versuchte Schadensbegrenzung*),
- der Rücktritt des Politikers (*die Katastrophe*).

3. Eigentor auf Raten

Niemand oder fast niemand findet in den heutigen Zeiten am Krieg irgendeinen positiven Aspekt. Angesichts der Unfähigkeit der Menschen, friedlich miteinander auszukommen, ist diese Einstellung auch nicht weiter verwunderlich und bedarf auch keiner weiteren Diskussion.

Was einen aber vielleicht doch ein bisschen erstaunen kann, ist die Tatsache, dass das Wort *Strategie* ein Wort unserer Alltagssprache geworden ist (ich benutze es selbst ziemlich oft, wie Sie vielleicht bemerkt haben). *Strategie* kommt aus der Militärsprache der griechischen Antike. Ein *Stratege* ist ein Heerführer, und *Strategie* meint die Fähigkeit, eine mehr oder minder große Gruppe Bewaffneter auf dem richtigen Weg an den richtigen Ort zu führen.[20] Erst die Neuzeit hat den Begriff des *strategischen Rückzugs* geprägt. Gemeint ist damit der Rückzug aus einer Lage, in der die Risiken erheblich größer sind als die Chancen. Ziel ist es, die zu erwartenden Verluste möglichst gering zu halten. Auch dieser Begriff wird in der Alltagssprache in ganz und gar unmilitärischen Zusammenhängen verwendet. Auch hier sollen Schäden und Verluste möglichst gering gehalten werden.

Doch welcher Schaden könnte gemeint sein? Nun, es ist ein Schaden für das eigene Image. Es droht ein Gesichtsverlust. Er droht, weil man, ganz ähnlich wie beim Militär, eine Position bezogen hat, die nicht zu halten ist. »Du bist auf dem falschen Dampfer«, so wird einem in solchen Fällen von der Umgebung signalisiert. »Na schön, ich werde meine Position noch einmal überdenken.« Das wäre eine Möglichkeit, der selbst gestellten Falle zu entkommen und den Schaden für das eigene Image so klein wie möglich zu halten. Das wäre ein Beispiel für einen strategischen Rückzug. »Kohlen nachlegen« oder »die Stellung bis zum letzten Blutstropfen verteidigen« wäre das Gegenteil davon.

Hinter dieser meines Erachtens ziemlich unklugen Strategie stehen Gedanken, die man so wiedergeben kann:

- »Ich muss das jetzt durchziehen.«
- »Ich muss jetzt konsequent sein.«
- »Wer seine Meinung ändert, ist ein Volltrottel.«
- »Die anderen spinnen.«

Auch diese Falle hat einem niemand gestellt. Sie hat sich ausschließlich durch das eigene Zutun aufgetan.

Vielleicht fragen Sie sich jetzt, inwiefern sich dieses Kapitel von dem vorherigen unterscheidet. In beiden geht es darum, dass jemand Schaden von sich abwenden will und durch seine Maßnahmen die Katastrophe erst richtig herbeiruft. Ein Unterschied ist dennoch nicht ganz unwichtig, und der liegt in der zeitlichen Dimension.

Im Kapitel zuvor war es eine Aktion (Aufheben der Zigarette; Abgabe einer Erklärung), hier jedoch ist es ein Diskussionsverhalten, das in der Alltagssprache »sich verrennen« genannt wird. Wenn einer rennt, dann tut er mehrere Schritte, und wenn er sich *ver-*

rennt, dann führt ihn jeder Schritt nur noch tiefer ins Verderben. In anspruchsvollerer Ausdrucksweise: Im Kapitel zuvor ist die Katastrophe punktuell, in diesem Kapitel ist sie kumulativ.

4. Ohrfeigen auf die nette Art

Man will nett, man will freundlich sein. Wer wollte das nicht, wenigstens ab und zu einmal. Und es geht so gnadenlos daneben! Wenn man Glück, das heißt sich einen Rest von Sensibilität bewahrt hat, bemerkt man gerade noch, dass die Gegenseite schmerzlich das Gesicht verzieht, betreten weg schaut oder ganz hastig ein anderes Gesprächsthema intoniert. Eigentlich hatte er/sie sich ja freuen sollen... Wie gesagt, irgendwas muss da schief gelaufen sein.

Zu diesem »irgendwas« zunächst eine »Trockenübung«, bei der niemand verletzt wird. »Brigitte hat einen neuen Freund, einen aus Island, *aber* ganz nett.« Der Isländer weilt in diesem Augenblick einige hundert Kilometer weit weg und hat nichts gehört. Das war auch gut so. Das *aber* hat er nämlich auch nicht gehört. Das *aber* aber hat die ganze gute Absicht verhagelt (wir unterstellen, es war eine). Hätte es gefehlt, es wäre eine richtige Nettigkeit geworden: »... einen aus Island, ganz nett.« Das *aber* jedoch gibt dem *ganz nett* eine kompensatorische Funktion. Anders gesagt: »aus Island« ist in der Meinung des/der Sprechers/in eigentlich etwas Negatives, das durch »aber ganz nett« ausgeglichen wird. Wehe, wenn der Isländer (oder Andorraner oder Monegasse) nicht wenigstens »ganz nett« gewesen wäre. Richtig knüppeldick kommt es, und die Ohrfeige trifft auch voll ihr Ziel, wenn Sprüche dieser Art fallen:

121

- »Für deine Verhältnisse war das gar nicht schlecht.«
- »Eine solche Leistung hätte ich von Ihnen gar nicht erwartet.«
- »Sie sprechen aber ziemlich gut Deutsch für einen Türken.«

Nach der Trockenübung von vorhin ist nun ziemlich schnell gesagt, was hier schief gelaufen ist: Der Hintergrund für das Lob (besser gesagt: die gut gemeinte Tölpelei) ist eine ziemlich negative Einschätzung des/der Adressaten/in, die auch ziemlich unverhohlen zum Ausdruck kommt. Nehmen wir nur das erste der drei Beispiele: »deine Verhältnisse« – die liegen normalerweise unterhalb des Standardbereichs. So etwas lässt sich natürlich niemand gerne sagen. Wenn Sie allerdings Ihr Gegenüber beleidigen *wollten*, dann hätten Sie ins Schwarze getroffen. Aber das hätte mit unserem Thema »selbst gestellte Fallen« dann nichts mehr zu tun.

5. Der Schnellschuss ins eigene Bein

Täuschungen gehören zum täglichen Leben. Wenn die Ware im Supermarkt falsch ausgezeichnet ist und das vermeintliche Schnäppchen sich als ordinäres Standardangebot herausstellt, dann mag böse Absicht dahinter stecken oder auch bloße Schlamperei, aber Sie fühlen sich wahrscheinlich getäuscht, und Sie werden die Sache mit Erfolg reklamieren oder auch nicht. In jedem Fall ist das nicht unser Thema.

Unser Thema im 2. Teil dieses Buches, noch einmal sei es gesagt, sind Täuschungen, an denen wir selbst höchst aktiv mitwirken. Natürlich merken wir das nicht, denn wer hätte schon ein aktives Interesse daran, sich selbst ins eigene Bein zu schießen. Aber wie diese Mechanismen der Selbsttäuschung funktionieren, davon war schon und ist jetzt weiterhin die Rede.

Die *voreilige Vermutung* ist einer dieser Mechanismen. Natürlich sind wir den ganzen Tag über immer wieder auf Vermutungen angewiesen, denn vieles wissen wir eben nicht so genau, wie wir es gerne hätten. Aber zu jeder Vermutung sollte, quasi als geistiger Rettungsring, auch der Gedanke gehören, dass es ganz anders sein könnte, als man meint. »Ach, wie nett, dass ich auch einmal Ihre Tochter kennen lerne!« Dies zu einem Herrn mittleren bis vorgerückten Alters gesagt, der mit seiner zweiten und wesentlich jüngeren Frau (vielleicht auch seiner Geliebten) unterwegs ist, mag noch zu den harmlosen Beispielen gehören, je nach Humor und Befindlichkeit der so angeredeten Person. Sicher ist aber auch das nicht, besonders dann nicht, wenn die Rollen genau umgekehrt verteilt sind, wenn also die jüngere Person ein Mann und die ältere eine Dame ist. Aber es kann noch viel ernster kommen. Dann nämlich, wenn man nur noch das glaubt, was man glauben will. Und *glauben will* – das ist die höchst aktive Mitwirkung an der Selbsttäuschung. In dem französischen Film »Vous connaissez la chanson?« (deutscher Titel: »Das Leben ist ein Chanson«) kauft die Hauptdarstellerin Odile Lalande (gespielt von Sabine Azéma) eine Eigentumswohnung in einem neuen und schicken Gebäude – übrigens ohne ihren Mann zunächst davon in Kenntnis zu setzen. Sie ist dermaßen verliebt in die neue Immobilie, dass sie sich mit der Frage nach einem unverbaubaren Blick nur sehr kurz beschäftigt. Er könne sich nicht vorstellen, dass … so die windelweiche Stellungnahme des Maklers zu ihrer entsprechenden Frage. Ihr reicht das, weil sie gar nichts anderes hören und *glauben will*. Auf der Einweihungsparty lässt ein Gast dann ganz beiläufig die Bemerkung fallen, es entstehe demnächst direkt gegenüber ein 20stöckiges Geschäftszentrum. Aus der Traum vom Blick über Paris und der garantierten Wertsteigerung! Diese Geschichte kommentiert sich selbst. Für dies Kapitel und seinen Vorgänger gilt: Eine Reaktion kann ich nicht empfehlen, weil ja niemand etwas sagt, worauf zu reagieren wäre. Vielleicht aber dieser Rat: Ein bisschen Achtsamkeit ist in jedem Fall ganz hilfreich. Seien Sie darauf eingestellt, dass das, was Sie von anderen denken, oder Ihre

Einschätzung einer Situation sich als unzutreffend herausstellen könnten. In seine eigenen Gedanken und Vorstellungen ist man nämlich sehr oft verliebt! Eine etwas andere Art von Schnellschuss präsentiere ich lieber an einem Beispiel aus dem etwas banaleren Alltag.

Eine junge Anwältin ist kurz davor, ihre Praxis zu eröffnen, und sucht eine Sekretärin. Eine junge Dame stellt sich vor, und im Laufe der nicht sehr lange dauernden Unterhaltung fällt der Satz: »Und dann hat er mich noch nach Bismarck gefragt. Hätten Sie doch auch nicht gewusst, oder?« Die Bewerberin fand sich ziemlich schnell vor die Tür gesetzt. Dabei hatte sie doch nur erzählen wollen, was ihr am selben Tag bei einer anderen Bewerbung widerfahren war. Und dann wollte sie wohl auch eine Atmosphäre der Vertraulichkeit bei ihrer, wie sie hoffte, künftigen Arbeitgeberin herstellen (und sei es auch durch die Gemeinsamkeit des vermuteten Nichtwissens). Vielleicht eine etwas harsche und humorlose Reaktion der Anwältin, aber eines zeigt sie sehr deutlich: Man hüte sich davor, die Kompetenzen und das Wissen von Menschen, die man nicht näher kennt, in irgendeiner Weise einzuschätzen, vor allem: sie negativ einzuschätzen. Natürlich macht man sich immer ein Bild von Leuten, mit denen man umgeht, wir können auch gar nicht anders, aber wenn man davon etwas verlauten lässt – man unterlässt es lieber gleich ganz! – , dann kann man gar nicht vorsichtig genug sein. Das ist nun wirklich eine selbst gestellte Falle, denn solche Unvorsichtigkeiten von sich zu geben, dazu fordert einen ja gewiss niemand auf.

Ein ganz ähnliches Phänomen findet sich, wenn wir einen kurzen Blick auf die Kommunikation im öffentlichen Raum werfen. »Wir danken für Ihr Verständnis!«, heißt es so schön in Lautsprecherdurchsagen. Wer, um alles in der Welt!, will mich bloß so gut kennen, dass er weiß, ich habe Verständnis für den Flop, um den es gerade ging. Meistens habe ich nämlich kein Verständnis. Wer sich für etwas bedankt, was er mir nichts, dir nichts unterstellt, der ist aufdringlich und nichts anderes. Etwas völlig anderes ist es, wenn ich um Verständnis gebeten werde (»Wir bitten um Ihr Verständnis!«), und ich dann selber entscheiden kann, ob ich es habe oder eben nicht.

Und noch ein Beispiel: »Kinowerbung ist billiger, als Sie denken«, las ich kürzlich vor einem Vorstadtkino. Nun ist Kinowerbung nichts, womit ich mich ernsthaft beschäftige, aber wer will eigentlich wissen, was ich mir gedacht habe? Ich hatte mir darüber gar keine Gedanken gemacht und habe es nicht so gern, wenn jemand glaubt, er könne meine Gedanken lesen. Obwohl – so richtig ärgern tut mich das auch nicht …

6. Voll daneben gelangt – oder: »Das wollte ich eigentlich gar nicht sagen.«

»Ein weites Feld« hätte der alte Briest aus Fontanes Roman »Effie Briest« gesagt. Man könnte zwei Bücher zu diesem Thema schreiben, und hätte auch nur das Allernotwendigste gesagt. Einige Andeutungen müssen hier genügen. Vermeiden Sie nach Möglichkeit *Reizwörter!* Das sind Ausdrücke, mit denen andere sich belehrt und im schlimmsten Fall bloßgestellt und lächerlich gemacht vorkommen. Benutzen Sie z.B. das Wort *müssen* nach Möglichkeit nur mit Bezug auf Ihre eigene Person (»Ich muss den Wagen nächste Woche zur Inspektion bringen.«). Wenn Sie aber sagen: »Du musst ...«, dann mobilisieren Sie auf der Gegenseite Widerstände, von denen Sie vielleicht gar nichts merken, die aber wie Sand im Getriebe wirken. Mit dem Wort *falsch* verhält es sich ganz ähnlich. Auch wenn Sie der Ansicht sind, Ihr(e) Partner(in) redet ausgemachten Unsinn und Ihnen ein: »Völlig falsch!« auf der Zunge liegt – schlucken Sie es runter! »Ich bin da nicht ganz derselben Meinung.« Oder: »Vielleicht kann man das auch noch anders sehen.« klingen wesentlich akzeptabler. Sie greifen das Ego der Person, mit der Sie reden, nicht an, und das ist entscheidend. Wenn Sie bei anderen das Gegenteil von dem erreichen, was Sie eigentlich wollten, dann mag das Recht tausendmal auf Ihrer Seite, dann mögen Ihre Absichten noch so gut sein – Sie werden sich wahrscheinlich als Kommentar anhören müssen: »Gut gemeint, aber schlecht gemacht.« Wenn Sie öfter, als Ihnen lieb ist, kommunikativ daneben schießen, dann können Ihnen die folgenden Überlegungen vielleicht ein Stück weit aus dem Schlamassel heraus helfen:

Stellen Sie sich bitte vor, jemand benutzt Ihre (vielleicht etwas grobkörnigen) Ausdrücke und adressiert diese an Sie. Wie ist Ihnen zumute, wenn Sie plötzlich etwas *müssen*? Wenn Ihnen unverblümt, das heißt ohne Schonung Ihrer Gefühle gesagt wird, Sie seien cholerisch, nicht belastbar, unflexibel, nur mäßig kreativ etc.? Stecken Sie das locker weg, nichts von wegen Anstellerei? Bravo! Dann ist Ihnen mit diesem Ansatz leider nicht zu helfen, der Ihnen sonst klar gemacht hätte, wie sehr Sie mit Ihren Formulierungen Ihre Mitmenschen verletzen können, ohne dies vielleicht zu wollen. Doch starten wir einen zweiten Versuch.

Wissen Sie, wie Sie auf andere Menschen wirken, welches Bild andere von Ihnen haben? Die meisten Menschen haben ganz erhebliche Schwierigkeiten, diese Frage einigermaßen realistisch zu beantworten. Wenn Sie sich diese Frage noch nie gestellt haben – eine halbwegs zutreffende Antwort haben Sie dann wahrscheinlich nicht schon im nächsten Augenblick. Wenn es Ihnen möglich ist, ziehen Sie eine Person Ihres Vertrauens zu Rate. Tun Sie das aber nur dann, wenn Sie sicher sein können, dass Sie eine Rückmeldung ertragen, die wie bittere Medizin[21] schmeckt (»Oskar, du giltst wirklich als ziemlich arrogant.«). Sonst riskieren Sie, dass Sie Ihre(n) beste(n) Freund(in) so behandeln wie in früheren Zeiten den Boten, der eine schlechte Nachricht überbrachte. Der wurde nämlich oft geköpft. So oft, dass eine sprichwörtliche Redensart daraus wurde. Die Geschichte mit den Boten geht übrigens noch weiter. Als denen nämlich ihr hohes Berufsrisiko so richtig klar geworden war, änderten sie ihre Strategie und brachten hinfort nur noch gute Nachrichten. So geschehen etwa im Jahr 1644 n. Chr., als im alten China die Ming-Dynastie von der Mandschu-Dynastie nicht ganz ohne Gewalt abgelöst wurde. Der Feind stand bereits in den Gärten der Verbotenen Stadt – also in Sichtweite des Kaiserpalastes –, aber die Boten brachten dem letzten Ming-Kaiser noch immer neue Meldungen von großartigen Siegen. Der Kaiser hätte nur aus dem Fenster schauen müssen, aber das tat er nicht. Er war wahrscheinlich zu vornehm, das selbst zu tun. Man kann so etwas auch »Realitätsverlust« nennen.

Was man aus all dem lernen kann: Wenn man in der Situation des letzten Ming-Kaisers ist, dann hat man definitiv verloren. Man muss aber nicht unbedingt chinesischer Kaiser sein …

7. Aus dem Zusammenhang gerissen

Das Folgende ist eigentlich mehr für Personen, deren Äußerungen im öffentlichen Leben zitiert werden, für sogenannte VIPs also, aber auch für die Kommunikation unter Privatleuten wie Sie und mich ergeben sich einige Konsequenzen. Wahrscheinlich erinnert man sich noch: Der Komponist Karl-Heinz Stockhausen bezeichnete das grauenvolle Terrorattentat auf das WTC in New York am 11.9.2001 als »das größte Kunstwerk aller Zeiten«. Diese Äußerung kommentiert und richtet sich selbst. Auf die entsetzten Reaktionen der Öffentlichkeit hin ließ der Komponist seinem unglückseligen Vergleich ein Dementi folgen, begleitet von der Floskel, die Politiker gern benutzen, das Zitat sei »völlig aus dem Zusammenhang gerissen« worden. Was er unterließ: das angeblich aus allen Zusammenhängen und, wie man ihm als Meinung wohl unterstellen darf, sinnentstellend wiedergegebene Zitat in seinem Zusammenhang zu platzieren und so zu zeigen, dass er es in Wirklichkeit ganz anders gemeint hat.

Politiker lassen dies in der Regel auch bleiben, weil sie glauben, die bloße Behauptung (»aus dem Zusammenhang gerissen« oder auch das sehr beliebte: »Alles Quatsch!«) reiche aus ihrem Mund voll aus. Stockhausen versuchte, den Spieß einfach umzudrehen und der Gegenseite die Schuld zu geben: »Ihr habt mich missverstanden, weil Ihr das so wolltet!«

Für unseren Zusammenhang ist dieses Beispiel insofern interessant, als hier einmal eine Bringschuld wirklich zu Recht besteht. Juristen würden wohl eher von einer »Beweislast« sprechen. Stockhausen selber hätte beweisen müssen, dass der gegen ihn erhobene Vorwurf gegenstandslos ist. Das wäre aber, wie gesagt, nur dann möglich gewesen, hätte er den Beweis angetreten, dass das »Herausreißen aus dem Zusammenhang« seine Äußerung wirklich entstellt hätte.

In der Alltagssprache sagt man auch: »Du drehst mir das Wort im Munde herum.« Wer aber, konfrontiert mit einem solchen Vorwurf, etwas einfach behauptet, was er nicht beweisen kann, der macht alles noch schlimmer, als es sowieso schon ist. Ein ehrliches Bedauern, ein Gefühl von Reue hätte den Vorwurf zwar nicht aus der Welt geschafft, ihm aber doch die eine oder andere Spitze genommen. Jene Art von »Krisenmanagement« verschärft jedoch die Krise und erinnert an die Schadensbegrenzung à la Filbinger. Auch eine Falle. Auf den Bereich alltäglicher Kommunikation übertragen heißt das: Wenn man mit dem Vorwurf konfrontiert ist, man habe dieses oder jenes gesagt, dann ist es klug, die Beweislage zu prüfen, ehe man sich verteidigt. Einfach etwas zu behaupten, was die Gegenseite ebenso lässig vom Tisch wischen kann wie ein schlechtes Dementi, schafft keine Entlastung. Eher das Gegenteil davon.

8. Der Vater des Gedankens – oder: »Alles easy!«

Das hatten wir vor einigen Seiten schon einmal: Wir glauben sehr gern, was wir glauben wollen. Das heißt, wir biegen uns die Realität nach unseren Wünschen zurecht. Zumindest versuchen wir das. Lässt die Realität sich aber (ver)biegen? Zu dieser Lieblingsvorstellung vieler Zeitgenossen gehört die Idee, die Lösung irgendeines Problems müsse einfach und billig sein, obendrein soll sie noch möglichst schnell gehen. Zu den Problemen gehören auch Menschen. Auch die sollen möglichst einfach sein und uns am liebsten gar nicht erst Probleme machen. Ich gebe unumwunden zu: Diese Vorstellung ist mir auch am liebsten! Komplikationen finde ich ausgesprochen unsympathisch. Einige Beispiele, die auch gleich deutlich machen, wo dieser Charme des Einfachen seinen Ursprung hat:

park and ride
wash and wear
hire and fire
plug and play

Sorry, spätestens bei Letzterem muss ich protestieren. Einstöpseln und (auf dem Computer) loslegen ist nur in wenigen Ausnahmefällen so unkompliziert, wie es die knappe Formel verspricht. Halten wir dennoch eines fest: Hätte die Menschheit nicht seit alters her den Wunsch gehabt, sich das Leben leichter zu machen, würden wir vermutlich immer noch das Holz mit der Axt zerkleinern und das Wasser am Brunnen holen. Der Wunsch aber ist das Eine, die Realität das Andere. Wenn ich nicht unterscheiden kann zwischen meinem Wunsch,

– in zehn Tagen zehn Kilo abzunehmen,
– mir innerhalb von zwei Wochen das Rauchen abzugewöhnen,
– innerhalb von einer Woche perfekt Italienisch zu sprechen,

und der festen Überzeugung, dies alles sei auch ohne weiteres möglich, dann laufe ich in meine eigene Falle. Die trägt den Namen »Wunschdenken«. Nun ist es vielleicht keine Katastrophe, wenn ich in 20 Tagen nur fünf Kilo abnehme und meine Bemühungen um das Italienische doch erheblich länger dauern als geplant. Schlechter sieht es da schon aus, wenn es um richtig viel Geld geht, etwa um die Eigentumswohnung, die sich gewissermaßen »von selbst finanziert« – einfacher geht's nun wirklich nicht. Leider hat einem nur niemand vorher gesagt, dass sich das Finanzamt als Spielverderber erweisen, der erste Mieter bereits nach einem Jahr gleich wieder das Weite suchen und die schicke Immobilie vier Monate lang leer stehen würde. Und dann meldet sich die Realität in ihrer ganzen unattraktiven Kompliziertheit zurück. »Alles easy?« Wohl doch nicht so ganz. Manche Dinge haben Haken und Ösen, und die verschwinden nicht einfach davon, dass man nicht hinschaut. Glauben, was man glauben will – das ist der Köder in der Falle.

Anmerkungen

1 Diesen Leserbrief aus der »Apotheken-Umschau« (15.5.2001) habe ich sinngemäß wiedergegeben.

2 Da diese Formulierung vielleicht etwas missverständlich ist, präzisiere ich: Definitiv verhandelt sind die Dinge, die in den Gesetzbüchern stehen.

3 Es ist ein Automatismus, ähnlich demjenigen, der manche Leute einen reichlich gefüllten Teller leer essen lässt, auch wenn ihr Appetit eigentlich nur mäßig ist.

4 Eric Berne spricht hier von »Spielen der Erwachsenen« (so auch der Titel seines viel gelesenen Buches). Diese Spiele haben mit Spaß allerdings wenig zu tun, mit blutigem Ernst dagegen ziemlich viel.

5 Sie sind selbst Chef/Chefin, und über Ihnen ist nur noch der blaue Himmel? Dann überspringen Sie diesen Abschnitt besser.

6 Sie kennen vielleicht sein Pendant: »Dem Inschenjör ist nix zu schwöhr.«

7 Übrigens gehört es nicht zu meinen Hobbys, die Gespräche fremder Menschen zu belauschen. Manche Leute sprechen aber, besonders in Restaurants oder im Café, dermaßen laut, dass man unfreiwillig Zeuge ihrer Unterhaltungen wird. Andernfalls müsste ich mir die Ohren zuhalten.

8 Vielen Menschen ist es übrigens gar nicht bewusst, dass sie einem gerade eine Falle stellen. *Sie tun es.* Darauf kommt es an. Nicht oder sehr viel weniger auf gute oder schlechte Absichten.

9 In diesem Zusammenhang ist das Buch »Spiegel und Masken« von Anselm Strauss (siehe Literaturverzeichnis) sehr aufschlussreich, und ganz besonders der Abschnitt »Kontrolle über Interaktion« (S. 89–94).

10 Ich sollte zur Erklärung sagen, dass ich mir durch jahrelange Beschäftigung mit diesem Thema eine gewisse Abgebrühtheit in meinen sprachlichen Reaktionen zugelegt habe.

11 Gelegentlich wird es hochrangigen Managern zum Verhängnis, dass sie einen anrufenden Journalisten, der ein Gerücht auf sei-

nen Wahrheitsgehalt abklopfen will, nicht einfach mit dem brüsken Hinweis bescheiden: »Wir geben grundsätzlich keine Kommentare zu solchen Spekulationen ab«, oder: »Wir reden nicht mit jedem«, sondern dessen Frage inhaltlich beantworten.

12 Auf diesen Zusammenhang gehe ich etwas ausführlicher ein in »Um keine Antwort verlegen«, S. 85–90 (siehe Literaturverzeichnis).

13 Dieses Prinzip machen sich interessanterweise auch bestimmte Bekleidungsketten in den USA und Kanada zu eigen. Als Beispiele nenne ich nur »Banana Republic« und »Below the Belt« (= unter der Gürtellinie). Genau so ging auch der Börsenguru André Kostolanyi vor, der sich das Schimpfwort »Spekulant« als Ehrentitel zulegte.

14 Wohlgemerkt: *gesundes* Misstrauen. Krankhaftes Misstrauen gegen alles und jeden führt früher oder später zum Verfolgungswahn und sollte psychotherapeutisch behandelt werden.

15 Bei Politikern konservativer Couleur war das Bild vom »Volkskörper« längere Zeit sehr beliebt. In meinem Buch »Um keine Antwort verlegen« behandle ich zwei Zeilen eines Songs von Marlene Dietrich, in denen ebenfalls eine Analogie zu Überredungszwecken eingesetzt wird (S. 109–111).

16 Dieses Beispiel stammt aus der Zeitschrift *Capital* 13/2000, S.83.

17 Zur Sicherheit lieber noch einmal: Das ist lediglich eine Feststellung, keine Kritik.

18 Falls Sie keine Lust haben, lange zu suchen: Es handelt sich um die verbale Unscheinbarkeit *ja*. Und was es damit auf sich hat, finden Sie im übernächsten Kapitel.

19 Wie man Kritik abwehrt, damit habe ich mich an anderer Stelle ausführlicher beschäftigt (»Um keine Antwort verlegen«, S. 52–63).

20 Der zugehörige Begriff ist »Taktik«. Er meint die richtige Aufstellung des Heeres, nachdem es an den Ort der Schlacht herangeführt worden ist.

21 Vielleicht ist der Gedanke ganz hilfreich, dass auch bittere Medizin immer noch Medizin ist.

Literatur

Berger, Peter L./ Thomas Luckmann. Die gesellschaftliche Konstruktion der Wirklichkeit. Fischer Taschenbuch, Frankf./M. 1980

Berne, Eric. Spiele der Erwachsenen. Rowohlt, Reinbek b. Hamburg 1967

Fensterheim, Herbert und Jean Baer. Sag nicht Ja, wenn du Nein sagen willst. Goldmann Taschenbuch. München 1986

Fiehler, Reinhard (Hrsg.). Verständigungsprobleme und gestörte Kommunikation. Westdeutscher Verlag, Opladen 1998

Goffman, Erving. Interaktionsrituale. Suhrkamp, Frankfurt/M. 1971

Goffman, Erving. Das Individuum im öffentlichen Austausch. Suhrkamp. Frankfurt/M. 1974

Henne, Helmut/Rehbock, Helmut. Einführung in die Gesprächsanalyse. 2. verbesserte u. erweiterte Auflage de Gruyter, Berlin/ New York 1982

Herzog, Dagmar. Die Kraft der Emotionen. Graefe und Unzer. München 2001

Hinnenkamp, Volker. Missverständnisse in Gesprächen. Eine empirische Untersuchung im Rahmen der interpretativen Soziolinguistik. Westdeutscher Verlag, Opladen 1998

Kallmeyer, Werner (Hrsg.). Gesprächsrhetorik. Rhetorische Verfahren im Gesprächsprozess. G. Narr Verlag, Tübingen 1996

Latour, Bernd. Deutsche Grammatik in Stichwörtern. Klett Verlag, Stuttgart u. a. 1997

Latour, Bernd. Um keine Antwort verlegen. Wie man Wortgefechte gewinnt. Kreuz Verlag, Stuttgart 2000

Lüger, Heinz-Helmut (Hrsg.). Höflichkeitsstile. Verlag P. Lang, Frankf./M. 2001

Marone, Nicky. Erlernte Hilflosigkeit überwinden. Fischer Taschenbuch, Frankfurt/M. 1994

Ottmers, Clemens. Rhetorik. J. B. Metzler, Stuttgart/Weimar 1996

Pines, Ayala M. Überlebensstrategien der Liebe. Heyne Taschenbuch, München 1991

Rehbein, Jochen. Komplexes Handeln. Elemente zur Handlungstheorie der Sprache. Stuttgart 1977

Schank, Gerd/Schwitalla, Johannes (Hrsg.). Konflikte in Gesprächen. G. Narr Verlag, Tübingen 1987

Smith, Manuel J. Sage nein ohne Skrupel. Techniken zur Stärkung der Selbstsicherheit. Rowohlt, Reinbek b. Hamburg 1979

Stephan, Cora. Neue deutsche Etikette. Rowohlt Taschenbuch, Reinbek b. Hamburg 1996

Strauss, Anselm. Spiegel und Masken. Die Suche nach Identität. Suhrkamp, Frankfurt/M. 1968

Tannen, Deborah. Du kannst mich einfach nicht verstehen. Warum Männer und Frauen aneinander vorbeireden. Goldmann Taschenbuch, München 1993

Tannen, Deborah. Das hab' ich nicht gesagt. Kommunikationsprobleme im Alltag. Goldmann Taschenbuch, München 1994

Tannen, Deborah. Lass uns richtig streiten. Vom Wortgefecht zum Dialog. Goldmann Taschenbuch, München 1999

Watzlawick, Paul, Beavin, Janet H. u. Jackson, Don D. Menschliche Kommunikation. Formen, Störungen, Paradoxien. Huber, Bern u. a. 1969

Watzlawick, Paul. Wie wirklich ist die Wirklichkeit? Wahn, Täuschung, Verstehen. Piper, München 1976

Die Deutsche Bibliothek – CIP-Einheitsaufnahme
Ein Titeldatensatz für diese Publikation ist bei
Der Deutschen Bibliothek erhältlich.

1   2   3   4   5   06   05   04   03   02

© 2002 Kreuz Verlag GmbH & Co. KG Stuttgart, Zürich
Ein Unternehmen der Verlagsgruppe Dornier
Postfach 80 06 69, 70506 Stuttgart, Tel.: 0711/78 80 30
Sie erreichen uns rund um die Uhr unter www.kreuzverlag.de
Umschlaggestaltung: Atelier Reichert, Stuttgart
Satz: de·te·pe, Aalen
Druck und Bindung: Clausen & Bosse, Leck

Die Schreibweise entspricht den Regeln
der neuen Rechtschreibung.

ISBN 3 7831 2146 9

Schluss mit Stress!